W0415760

alta mar

Teatro

Bruño

Directora de la Colección
Trini Marull

Edición
Cristina González

Producción
Mar Morales

Diseño gráfico
Tau Diseño, S. A.

Los pieles rojas no quieren hacer el indio

Fernando Almena

Premio de la Asociación Española de Teatro para la Infancia y la Juventud 1984
Premio Teatro Guerra 1990

Ilustración

Miguel García Ramos

Taller de lectura

Manuel Artigot

Ediciones:

Primera, 1988; segunda, 1988; tercera, 1989; cuarta, 1990; quinta, 1992; sexta, 1996; séptima, 1999; octava, 2000; novena, 2002; décima, 2003; undécima, 2004; duodécima, 2005; decimotercera, 2006.

Decimocuarta: octubre 2006.

ISBN: 84-216-0970-X
D. legal: M. 39.437-2006
Impresión: Gráficas Rógar, S. A.

Printed in Spain

haz tu propio fichero

Fernando Almena

- Nació en Córdoba.
- Autor teatral, galardonado con numerosos premios, como Barahona de Soto, Ámbito Literario, Plaza Mayor, Diego Sánchez de Badajoz, García Lorca...
- Dentro de la Literatura Infantil ha publicado numerosos libros entre novela y teatro.
- En narrativa infantil ha sido galardonado con el Premio El Barco de Vapor por su obra *Un solo de clarinete.*
- En teatro infantil ha obtenido el Premio AETIJ por *La boda del Comecocos,* y el Premio Teatro Guerra por *El cisne negro,* publicado en esta Colección.
- Incluido en la lista de honor del Banco del Libro de Venezuela y dos veces en la de la CCEI.
- En 1984 obtuvo el Premio Internacional de Narrativa Vieira de Humor.

altamar

para ti...

¡Hola, amigo!:

Nuevamente nos encontramos en el maravilloso mundo de las páginas de un libro, en este caso de teatro. Una nueva obra teatral que he escrito para que tú y tus amigos la leáis y representéis y para que sigáis amando el teatro, porque estoy seguro de que ya lo amáis. Y si por circunstancias aún no has tenido acceso a él, ésta es la ocasión de que descubras el encanto, la magia y la diversión que encierra una obra teatral.

Entre todos tenemos que conseguir que el teatro esté presente en el colegio y entre las actividades que os ofrezcan para vuestro divertimiento y formación.

Y como Cachivaches, Matraco y demás personajes que vais a encarnar vosotros se están impacientando por aparecer en escena, dejémosles actuar. Sin más:

¡Arriba el telón!

*A todos los maestros y educadores que,
con encomiable esfuerzo, perseveran
en llevar el teatro a la escuela.*

Personajes

CACHIVACHES

MATRACO

PIPIRRAMA

HOJALDRINA

SURCOS

BOMBILLÓN

ELEC

TRONCO

ALBAHACA

El decorado

UN lugar cualquiera de un valle cuyo final se pierde en la lejanía. Lo flanquean grandes montes con vegetación muy crecida y altos árboles. En el valle se divisan algunas casas diseminadas entre la extensa vegetación. La mayor parte del escenario lo ocupa un claro que constituye el lugar de reunión de los habitantes del valle. En él se encuentra, a la izquierda, la fachada de una casa baja, en cuyo frente hay abierto un gran hueco, partido a media altura por un tablero, a modo de mostrador. Se deduce fácilmente que se trata de una tienda en la que se venden los objetos más dispares, a tenor de los que aparecen colgados en el dintel y en las jambas del hueco. Varios asientos toscos de madera y alguna mesa, no menos rústica, se reparten por la escena.

Cuando la acción lo requiera, este decorado deberá ser cambiado por otro que represente una zona del bosque, lo cual podrá conseguirse, bien por medio de un segundo telón, paralelo al de fondo, o bien mediante unas cortinas decoradas que se desplieguen desde bastidores, a falta de medios más sofisticados. Lo importante es que el cambio se efectúe con celeridad.

A un lado del escenario existirá una campana, de la que colgará una cuerda, atada al badajo y al alcance de los espectadores.

Dentro del decorado tendrán cabida todos los elementos que, en pro de su enriquecimiento, aconseje la imaginación, para lo que deberá tenerse en cuenta que la acción se desarrolla en una zona del mundo totalmente imaginaria. Los personajes, aunque de apariencia humana, presentarán notables diferencias con los humanos. Así, los habitantes del valle serán de piel roja, con tonalidad muy acusada, sobre la que se maquillarán otros colores a fin de resaltar rasgos y de darles un aspecto festivo, de cabellos violáceos, movimientos rápidos, exagerados y ampulosos, muy nerviosos y gesticuladores. Los del bosque, por el contrario, serán de piel verde, igualmente con maquillaje sobrepuesto, cabellos exageradamente rubios, movimientos pausados, gestos comedidos y mirada penetrante.
Derecha e izquierda, las del espectador.

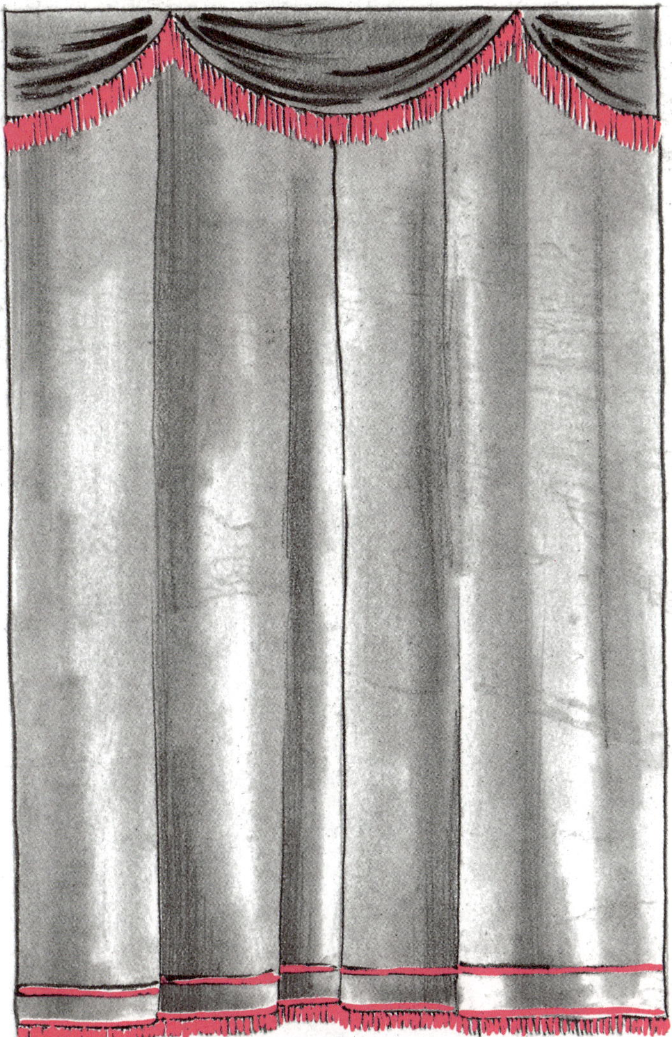

PRIMERA PARTE

CACHIVACHES.

MATRACO.

(En escena, CACHIVACHES, rechoncho, colorado, mucho más que sus convecinos, y medio calvo. Como todos los habitantes del valle, tiene unas orejas descomunales, como dos manos abiertas, y las cejas enormes y de color violeta. Buhonero, de oficio; avaricioso, trapicheante y engatusador, de voluntad. Viste de negro y con una mal llevada elegancia que desentona del lugar, incluso resultan festivos su sombrero de hongo y el enorme pañuelo que asoma por el bolsillo superior de su chaqueta. Se encuentra detrás del mostrador de su destartalado establecimiento, santuario de su buhonería.

Al otro lado del mostrador, MATRACO, flaco y a la par narizón, nervudo, con el pelo de punta y el andar abierto. Vehemente, fanfarrón y discutidor. Viste pantalones y chaleco de piel y camisa de color chillón, a la que falta de limpieza lo que sobra de agujeros. Se dedica a la caza de todo lo que salte, aunque sean ranas o cigarras, y, en especial, de cualquier animal con cuya piel pueda comerciar. Está bebiendo un refresco.)

MATRACO.—No sé qué vendes, si la naranjada más transparente o el agua más anaranjada.

CACHIVACHES.—No pensarás que por cinco duros voy a darte también el naranjo incluido, ¿verdad?

MATRACO.—*(Con enojo.)* Pues bien pretendes que por cuatro perras te dé mis pieles hasta con bicho dentro.

CACHIVACHES.—¿Me acusas de que quiero engañarte? Pues si no estás conforme con lo que te pago por tus pieles cochambrosas, pestilentes y lampiñas, puedes vendérselas a otro.

MATRACO.—Ya te aprovechas de que no existe otro.

CACHIVACHES.—Es la ley de la oferta y la demanda.

MATRACO.—Y la del mucho rostro, que tienes más cara que una foto de carné de familia numerosa. *(Amenazador.)* Y no digas que mis pieles son cochambrosas, pestilentes y... campiñas.

CACHIVACHES.—*(Corrige presuntuosamente.)* Lampiñas.

MATRACO.—¿Qué significa lampiñas?

CACHIVACHES.—Pues... eso, lampiñas. Eres más ignorante que una trucha de piscifactoría.

MATRACO.—*(Enfadado.)* Muy bien, pronto se acabará tu problema. Nunca más vas a tener pieles.

CACHIVACHES.—¿Qué dices?

MATRACO.—*(Muy digno.)* Lo que has oído.

CACHIVACHES.—Pero, Matraco, querido amigo, no te pongas así. No he querido ofenderte. No hay pieles tan bien curtidas como las tuyas, eres un artista. La culpa de que algunas estén un poco deslucidillas es sólo de los animales, que algunos están hechos un puro asquito.

MATRACO.—No me hagas la rosca, Cachivaches, que nos conocemos, que pareces un escarabajo pelotillero.

(CACHIVACHES sale de su tienda de modo grotesco, a gatas y con dificultad, por debajo del mostrador. MATRACO, al verlo, no puede contener la risa.)

CACHIVACHES.—*(Aún a cuatro patas.)* ¿De qué te ríes?

MATRACO.—De que es cierto, que así agachado y tan negro pareces un gigantesco escarabajo. *(Se acerca y monta a horcajadas sobre él.)* ¡Arre, escarabajo, arre!

CACHIVACHES.—*(Tratando de quitárselo de encima.)* ¡Estás como una regadera! ¡Quita, mastuerzo! *(Consigue, por fin, levantarse. Esboza una sonrisa muy artificial.)* Bueno, amigo mío, porque somos amigos, ¿verdad?, está visto que eres un bromista. Lo de que nunca más tendré pieles era sólo una broma, ¿no?

MATRACO.—De broma, nada; es absolutamente cierto.

CACHIVACHES.—Cómo puedes decir eso, tú, el mejor cazador del mundo, mi compañero del alma, mi inseparable vecino... ¡Ah!, te veo venir, lo que quieres es que te pague más por ellas. Quieres aprovecharte de mí, de mi inconmensurable generosidad, de mi buena fe de tendero, *(le pasa una mano por el hombro, y con la otra, le quita el reloj que MATRACO lleva en un bolsillo del chaleco)* de mi honradez, de mi inocencia..., pretendes arruinarme.

(MATRACO ha notado o intuido algo extraño y se lleva la mano al bolsillo.)

MATRACO.—¡Mi reloj!

CACHIVACHES.—¿Qué le ocurre a tu reloj?

MATRACO.—Lo he perdido.

CACHIVACHES.—¿El nuevo, el que te vendí ayer?

MATRACO.—Sí.

CACHIVACHES.—*(Saca el reloj que le ha quitado.)* ¿El que es igual que el mío?

MATRACO.—*(Observa el reloj con desconfianza.)* El mismo.

CACHIVACHES.—*(En tono recriminatorio y paternal.)* Desde luego, eres un desastre.

MATRACO.—Con lo bien que funcionaba...

CACHIVACHES.—*(En voz baja.)* ¿Todavía?

MATRACO.—¿Qué dices?

CACHIVACHES.—Nada, que sólo vendo artículos de primera calidad.

MATRACO.—¿Y ahora qué voy a hacer? Andaré despistado por el bosque sin saber en qué hora vivo.

CACHIVACHES.—Puedes guiarte por el sol. Que hay sol, es de día. Que no, de noche.

MATRACO.—*(Con mirada suplicante.)* Tal vez tú...

CACHIVACHES.—No, no me mires. Solamente me queda este reloj, y es para mi uso personal. No está en venta.

MATRACO.—¿Y si te lo pago bien?

CACHIVACHES.—Ni aun así.

MATRACO.—*(Casi con exigencia.)* Te pagaré el doble que por el anterior.

CACHIVACHES.—*(Hace un gesto de conmiseración.)* Te lo venderé por la mitad.

MATRACO.—*(Perplejo.)* ¡Anda ya...! ¿Por la mitad de su precio?

CACHIVACHES.—Por la mitad del doble. Yo soy así. *(Queda pensativo.)* Y si no, haré algo mejor. Te lo regalaré.

MATRACO.—*(Sin salir de su asombro.)* ¿Que tú...? *(CACHIVACHES asiente. MATRACO se echa a reír.)* ¿Que tú...? ¿Que tú me lo vas a regalar?

CACHIVACHES.—Con una condición.

MATRACO.—*(Aparte.)* Ya me extrañaba. *(Afable.)* La que sea. Somos amigos, ¿no?

CACHIVACHES.—Que me sigas vendiendo las pieles de los animales que caces.

MATRACO.—¿Sólo eso?

CACHIVACHES.—Sólo.

MATRACO.—¿De los que cace a partir de ahora? *(CACHIVACHES afirma con un gesto.)* ¿Trato hecho?

(Le tiende la mano.)

CACHIVACHES.—*(Se la estrecha y le entrega el reloj.)* Trato hecho.

MATRACO.—*(Suelta una carcajada.)* Pues estás listo.

CACHIVACHES.—¿Qué quieres decir? No pensarás faltar a tu palabra, ¿verdad?

MATRACO.—No, pero antes, cuando te dije que nunca más ibas a tener pieles, no lo decía como amenaza, sino porque ya no cazaré más. Los habitantes del bosque me han dicho que no permitirán que mate más animales ni que ponga allí mis trampas. ¡Estúpidos! Dicen que voy a terminar con la fauna. *(Se para en seco y cambia el tono de voz.)* A propósito, ¿quién es la fauna?

CACHIVACHES.—¡La mujer del fauno, quién va a ser!

MATRACO.—Pero si yo únicamente cazo animales...

CACHIVACHES.—Sea como fuere, no se puede tolerar que pretendan ponernos limitaciones a los habitantes del valle. Nosotros somos la primera potencia de esta parte del mundo. ¿Cierto?

MATRACO.—Cierto. Y si alguien lo duda, estoy dispuesto a demostrarlo a mamporros. Mira que me conozco. Sujétame, Cachivaches.

CACHIVACHES.—*(Lo coge de un brazo.)* Tranquilo, Matraco, conténte. A mí también me han dicho que cobro precios abusivos. Fíjate, con las gangas maravillosas que les llevo. ¡Ah!, y que si sigo así, buscarán a otro comerciante que los aprovisione y no querrán saber más de mí. Lo que nos faltaba, un vendedor de otra región haciéndonos la competencia.

MATRACO.—Sí, señor, quieren ponernos condiciones. Tiene gracia, unos hombrecillos verdes, si por lo menos fueran de nuestra raza...

CACHIVACHES.—Imposible, inconcebible, increíble, inadmisible, incomprensible, imprevisible, insufrible, indefinible...

MATRACO.—*(Como si pusiera la guinda en el pastel.)* ¡Terrible!

CACHIVACHES.—Insoportable, inaceptable, intolerable, impensable, inaguantable...

MATRACO.—¡Abominable!

CACHIVACHES.—Pero nosotros no lo podemos consentir. Seríamos unos imbéciles. Estarás de acuerdo en que el valle es el que, en todo caso, tendría que imponer sus condiciones a los demás.

MATRACO.—Lo estoy.

CACHIVACHES.—Nosotros somos más importantes, más poderosos.

MATRACO.—No hay nadie como nosotros.

CACHIVACHES.—Pero los habitantes del valle no nos hemos preocupado de demostrar nuestra superioridad. De eso se aprovechan.

MATRACO.—Porque la gente de aquí no quiere complicaciones. Les importa un pepino que seamos o no superiores.

CACHIVACHES.—¡Ignorantes!

MATRACO.—¡Panolis! Pero esto se va a acabar.

CACHIVACHES.—Bien dicho, Matraco. *(Persuasivo.)* ¿Imaginas qué sería de nosotros si consiguiéramos dominar el bosque? Harían lo que nos diese la gana. Yo podría comprar y vender mercancías sin ninguna limitación. Fijaría los precios, controlaría lo que deberían o no comprar, se acabaría la competencia y ser vendedor ambulante, *(soñador)* crearía una cadena de grandes almacenes...

MATRACO.—Y yo podría cazar a placer sin que nadie me lo impidiera. Llenaría todo de trampas, impediría el paso por mis zonas de caza para que no espantasen a los animales, pondría a los habitantes del bosque a trabajar de cazadores a comisión y de curtidores a destajo, lograría el desarrollo industrial, bajo mi control, y te vendería mis pieles a precios muy baratos, como a ti te gusta comprar.

CACHIVACHES.—Sí, sí. Y después del bosque, nos haríamos los amos de la llanura, de las altas montañas, del páramo...

MATRACO.—Caza, caza, caza...

CACHIVACHES.—Tiendas, tiendas. Podríamos inventar las multinacionales, y... *(dirá el nombre de unos grandes almacenes.)*

MATRACO.—Como si descubriéramos América. ¡Qué sueño tan maravilloso!

CACHIVACHES.—Un sueño que podríamos convertir en realidad. Sería muy sencillo.

MATRACO.—Claro que sí. ¿Cómo no se nos habrá ocurrido antes?

CACHIVACHES.—Nunca es tarde si la dicha es buena.

MATRACO.—Pues, manos a la obra. Como aquí nadie tiene ambiciones, podríamos empezar por dominar a nuestros vecinos. Así seríamos los amos del cotarro.

CACHIVACHES.—No es necesario.

MATRACO.—Pero si los dominamos, podríamos utilizarlos contra los pieles verdes.

CACHIVACHES.—No los necesitaremos. Además, nuestros vecinos son pan comido, siempre los tendremos dominados. Comencemos por los habitantes del bosque, son quienes se han opuesto a nosotros, los más guapos y pistonudos, los divinos.

MATRACO.—¿Podremos solos?

CACHIVACHES.—Claro que sí, somos los dos pieles rojas más fuertes. Sobre todo, tú.

MATRACO.—Sí, eso es cierto. Soy el más fuerte. *(Hincha el pecho, alardea de músculos y pega puñetazos al aire. A los espectadores.)* Si alguien lo duda, lo puedo demostrar. *(A un espectador.)* ¿Tú? ¡Ah!, bueno.

CACHIVACHES.—He aquí la clave del éxito, *(se golpea el pecho con la palma de la mano)* la inteligencia y *(señala a MATRACO)* la fuerza, el hombre y la bestia.

MATRACO.—*(Se vuelve hacia él.)* ¿Qué?

CACHIVACHES.—No, nada, que el mundo será nuestro.

MATRACO.—O sea, medio mundo «per cápita».

(Se estrechan las manos, mientras comienza a sonar la música que acompañará a la siguiente canción.)

CACHIVACHES.—*(Canta y baila al ritmo de la música. Con mucha mímica.)*

El mundo es mi gran comercio,
pasad todos a comprar,
aflojaos los bolsillos
porque os voy a desplumar.

MATRACO y CACHIVACHES.—*(A dúo.)*

Abran paso, apártense,
que la gloria nos espera;
todos a los pies del mundo
y nosotros en cabeza.

MATRACO.—

Todos los campos son coto,
sólo yo puedo cazar,
preparaos, animales,
que os voy a despelotar.

CACHIVACHES y MATRACO.—

Abran paso, apártense,
que la gloria nos espera;
todos a los pies del mundo
y nosotros en cabeza.

(Cesa la música.)

MATRACO.—¿Cuándo empezaremos?

CACHIVACHES.—¿Cuándo? ¡Ya! Ha llegado el momento. No perdamos un instante. Caminemos juntos hacia el bosque. *(Coge una estaca.)* El porvenir glorioso nos aguarda.

MATRACO.—Sí, señor, decisión. ¡Adelante!

(Marchan juntos y eufóricos hacia el lateral derecho. Se hace el oscuro, que durará unos instantes. Entre tanto, suena una música rápida, con la que se fundirá ruido de pelea.
Finaliza la música y se ilumina el escenario. Por el lateral aparecen, maltrechos, renqueantes y cabizbajos, MATRACO y CACHIVACHES.)

CACHIVACHES.—Fuerte, fuerte, el más fuerte. ¡Mantequilla!

MATRACO.—Ese leñador es una bestia. ¡Jo, qué tío...! Pero yo soy superior, no creas. Porque resbalé, que si no, se hubiese enterado de lo que vale un peine.

CACHIVACHES.—*(Siempre a lo suyo. Pregona.)* Tengo peines de varios precios. Recomiendo los de concha, y los sin dientes para calvos.

MATRACO.—*(Cortándole.)* Te digo que resbalé.

CACHIVACHES.—Resbalar, ya.

MATRACO.—¿Y tú qué pintabas en la copa del árbol?

CACHIVACHES.—Haciendo el mono y mirando el panorama, no te fastidia... El muy bruto me lanzó al árbol como si fuera una pelota. Pero cómo te animaba desde arriba. Yo, «¡dale, dale, Matraco!», y tú, ni caso.

MATRACO.—Estoy molido. Dame una naranjada, a ver si me reanimo.

CACHIVACHES.—Cinco duros.

MATRACO.—¿Cómo cinco duros? Estamos asociados, ¿no?

CACHIVACHES.—En el negocio de recibir golpes, pero no en el de la tienda.

MATRACO.—Te los debo.

CACHIVACHES.—En esta casa no se fía.

MATRACO.—La próxima vez te vas a defender tú solito.

CACHIVACHES.—¡Defensa!, vaya una defensa. Parecías una alfombra por el modo en que te sacudía.

MATRACO.—Te dije que en primer lugar deberíamos dominar el valle. Nuestros vecinos nos habrían ayudado, o por lo menos los guantazos habrían estado más repartidos. Pero no me hiciste caso, quisiste que fuésemos solos por todas, luego eres el único culpable de tu derrota.

CACHIVACHES.—¿Cómo de mi derrota? De nuestra derrota. Que yo sepa has cobrado de lo lindo.

MATRACO.—Pero también he repartido leña.

CACHIVACHES.—El único que ha repartido leña ha sido el leñador.

MATRACO.—¿Te fijaste en su ojo?

CACHIVACHES.—¿En su ojo? Pero si ni siquiera le rozaste.

MATRACO.—Digo que donde ponía el ojo ponía el puño.

CACHIVACHES.—Está claro que nosotros solos nada podremos hacer. Sí, lo admito, llevabas razón, antes hay que dominar el valle. De este modo, utilizaremos a nuestros vecinos y no tendremos que exponernos más. Que peleen ellos. ¡Eso es! Nosotros somos los dirigentes, los cerebros, los pensantes, los... *(aquí se dirá el nombre de alguna figura conocida de la política nacional o internacional)* del asunto y, por tanto, no tenemos por qué arriesgarnos. ¿Quién se ocuparía de pensar si nos pasara algo?

MATRACO.—Llevas razón. Cada cual tiene su papel en la Historia. El nuestro es el más difícil, y para él se requiere mucho más valor que para dar la cara.

CACHIVACHES.—Muchísimo más. Para pensar hace falta una gran valentía, y pocas ganas de llenar la tripa. *(Como el que toma una decisión trascendental.)* Matraco, hay que convocar inmediatamente a los vecinos.

MATRACO.—Estarán ahora en sus ocupaciones. Ninguno vendrá.

CACHIVACHES.—Algunos acudirán. Tocaremos la campana como cuando anuncio las rebajas.

MATRACO.—¡Ah!, creerán, entonces, que por eso los llamas.

CACHIVACHES.—En efecto, y así vendrán más deprisa.

MATRACO.—Estás en todo. *(A los espectadores.)* A ver, un campanero voluntario. *(A cualquier niño de las primeras filas.)* ¡Tú! *(Se tapa los oídos.)* ¡Basta!, ya es suficiente, o acudirán también los bomberos. Seguro que te contratan para la catedral. Muchas gracias.

CACHIVACHES.—¡Qué porvenir nos espera, amigo Matraco! *(Tras unos momentos de reflexión.)* He pensado que tú debes ocupar el puesto más importante de nuestra comunidad, que debes ser el jefe del valle, y después, del bosque, de la llanura..., el jefe de todo.

MATRACO.—*(Ilusionado.)* ¿De verdad?

CACHIVACHES.—Claro que sí. Todos los honores serán para ti. Yo seré el segundo, tu ayudante. *(MATRACO sonríe vanidosamente y realiza gestos de prepotencia, que a nadie le amarga un dulce.)* Bien es verdad que si todo saliese mal, tú serías el responsable, a quien todos pedirían cuentas, el que se la cargaría. *(MATRACO queda serio, preocupado, frenada su pronta ilusión. Le echa el brazo por encima.)* Pero no te inquietes, eso no ocurrirá. Además, el poder tiene ese precio, el riesgo que acompaña a la gloria.

MATRACO.—Oye, Cachivaches, y digo yo, ¿no crees que reúnes tú más méritos para ser el jefe?

CACHIVACHES.—No, no, de ningún modo, el honor te corresponde.

MATRACO.—Pero la idea fue tuya. Creo que, por tanto, te pertenece serlo.

CACHIVACHES.—*(Que no se hace de rogar.)* Está bien, en vista de que insistes...

MATRACO.—*(Aparte.)* A mí me la ibas a dar tú.

CACHIVACHES.—Aunque, de momento, no lo digas a nadie. ¿De acuerdo?

MATRACO.—*(Mordaz.)* Claro, es más seguro.

CACHIVACHES.—No es por seguridad, es una estrategia. ¿Comprendes?

MATRACO.—*(No muy convencido.)* Ya...

(Por el fondo de la sala o por un lateral del escenario, aparecen PIPIRRANA y HOJALDRINA, que traen una conversación embarullada e ininteligible.

PIRIRRANA

HOJALDRINA.

PIPIRRANA es mujer de edad incalculable y con aspecto de bruja simpática y estrafalaria; reina de mejunjes, pócimas y abracadabras, maestra en articular huesos, allanar disputas y consolar desgracias, curandera por afición y necesidad, y visionaria de prodigios por carácter. HOJALDRINA es redonda, dulce y rosada, como una tarta de fresa, tal que fuese escaparate e imagen de su profesión de pastelera.)

PIPIRRANA.—*(Se mezclan sus palabras con otras incomprensibles y con las de HOJALDRINA.)* Un ventilador..., tres kilos de altramuces..., un sacacorchos..., una pata de conejo..., por algo he acudido la primera.

HOJALDRINA.—Tres paquetes de canela en rama..., un litro de zarzaparrilla..., un macuto..., una boina..., ni hablar, yo he llegado la primera.

CACHIVACHES.—¡Señoras, orden y formalidad!

PIPIRRANA.—¿Y si se terminan los artículos de ocasión, señor Cachivaches?

CACHIVACHES.—Eso nunca se acaba, señora Pipirrana. Además, hoy no es día de rebajas.

HOJALDRINA y PIPIRRANA.—*(A dúo.)* ¡Ah!, ¿no?

CACHIVACHES.—No.

HOJALDRINA.—Entonces, ¿para qué nos ha hecho venir? Estaba haciendo unos pastelillos de gloria.

PIPIRRANA.—Y yo trataba de convertir en perro San Bernardo a mi gato «Moquitos».

MATRACO.—¿Y lo has conseguido?

PIPIRRANA.—No, lo he tenido que dejar a medias y el pobre se ha quedado en caniche. *(A CACHIVACHES.)* Dígame, ¿para qué tanto toque de campana?

CACHIVACHES.—Un poco de paciencia, señoras.

(Llega SURCOS a la carrera. Es un hombre de corta estatura, aunque fortachón, y con aspecto de labrador, que al cultivo de la tierra dedica su vida. Sus orejas superan en tamaño incluso a las de los demás, le cruza la cara un poblado bigote de color violeta, se cubre con una gorra descomunal y gasta un cayado de aquí te espero. Zancajea continuamente, como si tuviera prisa por llegar a ninguna parte. Se aproxima a CACHIVACHES hasta que sus narices casi se tocan.)

SURCOS.—¿Qué se rebaja hoy, amigo?

CACHIVACHES.—Hoy no se rebaja nada.

SURCOS.—He abandonado mi huerta, así que no me marcho de aquí sin comprar algo rebajado.

CACHIVACHES.—Paciencia, amigo Surcos, en seguida sabrás el motivo de mi llamada, pero aguarda a ver si acude alguien más.

SURCOS.—Nadie vendrá, todos están trabajando fuera de sus casas.

HOJALDRINA.—Así que desembuche, no nos haga perder más tiempo.

(PIPIRRANA ha estado siguiendo a SURCOS como un moscardón. Se nota que a él eso le incomoda y pone nervioso.)

PIPIRRANA.—*(Lo mira con embelesamiento.)* Qué guapo eres, Surquitos, y qué bien te conservas, como un bonito en escabeche.

SURCOS.—*(Zafándose.)* Un poco de respeto, Pipirrana.

PIPIRRANA.—*(Suspira.)* ¡Ay!, si tú quisieras o quisieses...

MATRACO.—Pipirrana, ¿quieres dejar en paz a Surcos?, éste es un asunto muy serio y trascendental. Algo inaudito.

HOJALDRINA.—Ya sé, Cachivaches ha decidido vender fiado en su tienda.

CACHIVACHES.—¿Qué dice usted, señora? Seamos formales. Se trata de algo bien distinto, de algo muy grave. *(Aparte.)* Aunque menos que vender

SURCOS.

fiado. *(Muy dramático.)* Los habitantes del bosque pretenden imponernos determinadas condiciones cuando vamos a su terreno.

MATRACO.—A nosotros.

PIPIRRANA.—Claro, para eso es suyo.

MATRACO.—Algo intolerable.

CACHIVACHES.—Inadmisible. Los habitantes del valle somos los más importantes de toda la región.

SURCOS.—Anda, y yo sin darme cuenta.

CACHIVACHES.—Por ello, deberíamos ser nosotros quienes pusiéramos condiciones a los demás. Un pueblo poderoso no puede permitir que otros pueblos insignificantes le toquen las narices ni le hagan la trompetilla. *(Comienza a hablar hacia los espectadores con un soniquete de vendedor ambulante.)* ¿No es verdad, respetable público, que no existe nadie que pueda igualarse a los habitantes del valle? Si usáramos nuestra influencia y nuestro poderío llevaríamos la voz cantante. Quién no ha comprobado las ventajas de dominar un oficio o una habilidad. Pues esto es igual. Dominemos a los demás. Con la propuesta que les ofrezco, señoras y señores, los pieles rojas alcanzaremos la dicha. Usemos el dominio. Y díganselo a sus vecinos. ¡A la felicidad por el dominio!

HOJALDRINA.—Pero, ¿usted qué vende?

CACHIVACHES.—*(Imparable.)* Yo, señora, vendo el

maravilloso, el único, el... *(Cambia de tono.)* Yo no vendo nada, Hojaldrina. Sólo trato de hacerles comprender la necesidad que tenemos de unirnos frente a las exigencias e imposiciones de nuestros vecinos, los hombres verdes del bosque.

HOJALDRINA.—No diga tonterías, a mí me compran pasteles y jamás me han exigido nada.

CACHIVACHES.—Por ahora, pero a cada puerco le llega su San Martín.

HOJALDRINA.—*(En jarras.)* ¿Pretende llamarme cerda? *(Lo coge de las solapas y lo zarandea.)* Repítalo.

CACHIVACHES.—No, no, sólo era un refrán.

MATRACO.—Mira, Hojaldrina, Cachivaches lleva razón. A mí me han prohibido que cace y a él le ponen condiciones para que pueda vender. Tarde o temprano a todos nos pasará lo mismo. Tenemos que plantarles cara y meterlos en cintura. De ese modo nos pondremos en nuestro sitio y, además, lograremos grandes ventajas económicas.

PIPIRRANA.—No pienso así, que cada cual se las arregle como de arriba le aconsejen y abajo le permitan.

SURCOS.—Estoy de acuerdo.

HOJALDRINA.—Y yo.

CACHIVACHES.—Pero, ¿qué dicen?, ¡insensatos! *(A HOJALDRINA.)* ¿Se imagina el negocio que podría hacer con el bosque controlado? Conseguiría vender toda su producción de pasteles y a los precios que se le antojasen. ¿Quién le iba a rechistar?

HOJALDRINA.—Mis precios me parecen razonables.

CACHIVACHES.—Y con los pasteles que se le ponen duros, ¿qué hace?

HOJALDRINA.—Se los echo a los perros.

CACHIVACHES.—Un despilfarro. Podría venderlos o cambiarlos por otros artículos a los pieles verdes. *(Levanta amenazadoramente el puño.)* Ninguno se negaría.

MATRACO.—No hay más voluntad que la de quien empuña la estaca.

HOJALDRINA.—No me convencen.

CACHIVACHES.—Y usted, Surcos, podría dar salida a todas sus hortalizas, hasta las podridas. Firmaríamos un contrato para que comprasen íntegramente su producción. ¿Se imagina?

SURCOS.—No.

CACHIVACHES.—Pues use la imaginación, ¡caramba!

SURCOS.—¿Y si no me sobran hortalizas, con qué alimento a mis cerdos?

PIPIRRANA.—Si tanto interés tenéis, intentad dominarlos vosotros.

MATRACO.—Ya lo hemos intentado, pero hay un inconveniente.

CACHIVACHES.—Un fuerte inconveniente.

MATRACO.—Con cara de leñador.

CACHIVACHES.—*(Le pega tal codazo para que calle, que lo deja sin respiración.)* El inconveniente de que solos no podemos. Necesitamos vuestra ayuda y la del resto de los vecinos para enfrentarnos a esos petulantes del bosque.

HOJALDRINA.—Conmigo no contéis, detesto la violencia.

SURCOS.—Ni conmigo.

PIPIRRANA.—Yo no existo.

CACHIVACHES.—Un momento, ¿sabe una cosa, Hojaldrina?: los pieles verdes quieren apropiarse de su tienda.

HOJALDRINA.—Imposible, no puedo creerlo.

CACHIVACHES.—Matraco lo ha oído. Díselo.

MATRACO.—*(Cogido por sorpresa.)* ¿Yo...? *(Nuevo codazo.)* ¡Ah!, sí, lo he oído.

HOJALDRINA.—Pero...

CACHIVACHES.—No hay pero que valga. Y eso no es nada. También quieren quitarle a Surcos su huerta.

SURCOS.—*(Levanta el cayado.)* A ver quién se atreve.

MATRACO.—*(Como un papagayo.)* Yo lo he oído, yo lo he oído... Y también, que van a quemar a las brujas.

PIPIRRANA.—*(No puede contener un estremecimiento.)* Me da igual, yo soy una bruja fracasada, igual que si no fuera bruja.

CACHIVACHES.—Pero dicen que quiere convertirlos en ranas, por aquello de su piel verde.

PIPIRRANA.—¿Que yo prentendo...?

MATRACO.—Es lo que dicen. Yo lo he oído, lo he oído.

PIPIRRANA.—Me parece que oyes demasiado...

CACHIVACHES.—Es cierto, que le entre una diarrea imparable si miente.

MATRACO.—Que te entre a ti. *(Aparte.)* ¡Tendrá cara el tío!

CACHIVACHES.—Bueno, estáis avisados. Luego, no os quejéis.

(Hay un silencio.)

SURCOS.—No es que dudemos de vuestra palabra, sino que resulta difícil creerlo.

HOJALDRINA.—Haced lo que creáis conveniente, no nos opondremos, pero no pidáis más, que nos disgustan los líos.

CACHIVACHES.—Está visto que no queréis complicaros, pero no podréis eludir vuestra responsabilidad. De acuerdo, nosotros nos ocuparemos de solucionar este asunto, pero vosotros tendréis que colaborar, al menos indirectamente. No vamos a sacaros las castañas del fuego mientras estáis cruzados de brazos.

MATRACO.—Y si alguno se niega, que se atenga a las consecuencias. Ya sabéis cómo me enfado cuando se me contraría. *(Se acerca a PIPIRRANA, que se arruga.)* El bosque supone un peligro que entre todos tenemos que atajar.

CACHIVACHES.—Pensad que es por vuestro bien.

HOJALDRINA.—Bueno, si es un peligro para todos, colaboraremos, pero no nos metáis en peleas.

PIPIRRANA.—A mí este asunto sigue sin gustarme un pelo.

SURCOS.—Hombre, yo encuentro un abuso que os pongan dificultades para que ejerzáis vuestros oficios en el bosque y que se propongan arrebatarnos lo nuestro. Si se trata de impedirlo, puesto que es un caso de justicia, estoy dispuesto también a colaborar.

CACHIVACHES.—En ese caso, tendremos que buscarnos medios de defensa, Matraco y yo no podemos enfrentarnos solos.

MATRACO.—Hará falta dinero.

CACHIVACHES.—Tendréis que pagar... impuestos.

PIPIRRANA.—¿Qué son impuestos?

CACHIVACHES.—Algo que se me acaba de ocurrir.

SURCOS.—¿Y para qué servirán?

CACHIVACHES.—Para comprar armas, para qué queréis que sirvan.

MATRACO.—Una gran ocurrencia, digna de un comerciante.

PIPIRRANA.—¿Y no sería preferible que gastáramos ese dinero en dar una gran fiesta?

HOJALDRINA.—Con churros y chocolate.

SURCOS.—*(Soñador.)* Con fuegos artificiales.

PIPIRRANA.—Con música y champán.

CACHIVACHES.—¡Basta de tonterías! El peligro está cerca. Habrá fiesta cuando hayamos triunfado. Ahora lo que urge es que digáis a todos lo que ocurre y que los convenzáis de que deben colaborar. Marchaos, y decidles también que nos habéis nombrado vuestros representantes.

SURCOS.—En fin, así lo haremos. Espero que no cometamos un error.

MATRACO.—Buen chico.

(Inician el mutis. CACHIVACHES se dirige con rapidez al mostrador de su tienda.)

CACHIVACHES.—¡Esperad! *(Se detienen. Él empieza a mostrarles los objetos más disparatados e inservibles.)* Ya que habéis venido, ¿no queréis comprar este orinal que tiene más de doscientos años, pura reliquia de anticuario; o este cepillo de dientes, apenas sin usar, que perteneció a mi abuela; o estos calzoncillos del tío Mugres, que murió el año pasado; o...?

PIPIRRANA.—Otra vez será, ¿no crees que ya nos has vendido bastante?

(Y sin más explicaciones, PIPIRRANA, HOJALDRINA y SURCOS hacen mutis por donde entraron. CACHIVACHES abandona su tienda y, lleno de contento, se acerca a MATRACO y le pasa un brazo por el hombro.)

CACHIVACHES.—Lo hemos conseguido.

MATRACO.—¡Qué grandes somos!

(Comienza a sonar música, que acompañará a la siguiente canción.)

CACHIVACHES.—*(Entre recitado y cantado.)*
Yo soy de armas tomar,
soy un mago, ¡la repera!,
con astucia y coba fina
meto a todos en vereda.

MATRACO y CACHIVACHES.—*(Cantan. A dúo.)*

Las armas por los impuestos,
los impuestos por las armas,
mires por donde lo mires
siempre nos quedan las armas.

MATRACO.—*(Entre recitado y cantado.)*

Yo soy grande, el mejor,
¡soy un tío de primera!,
con dinero y un fusil
armo la marimorena.

CACHIVACHES y MATRACO.—*(Cantan. A dúo.)*

Las armas por los impuestos,
los impuestos por las armas,
mires por donde lo mires
siempre nos quedan las armas.

CACHIVACHES.—*(Al término de la música.)* Ya sólo nos resta trazar un plan de ataque y ponerlo en marcha. Empezaremos por recaudar impuestos. Espero que nadie se niegue.

MATRACO.—*(Hace un gesto fiero.)* ¡Pobre del que lo haga! Una vez maté un jabalí de un mordisco entre las orejas.

CACHIVACHES.—No te tires el pegote... Los demás pieles verdes no me preocupan, pero al leñador no lo venceremos sin armas.

MATRACO.—¿De dónde las vamos a sacar?

CACHIVACHES.—Las compraremos.

MATRACO.—Nadie vende armas.

CACHIVACHES.—*(Con un gesto.)* ¡Chissst...! Calla o esto se nos llenará de vendedores. Atiende: el bosque es tan espeso que de poco nos servirían las armas corrientes. Hace falta algo especial, más sofisticado y alucinante. *(Ríe bobamente.)* Y yo sé quién puede proporcionárnoslo.

MATRACO.—Cuenta, cuenta, me tienes en ascuas.

CACHIVACHES.—¿No has oído hablar de Bombillón?

MATRACO.—*(Con presuntuosidad.)* Sí, hombre, sí, *(abre los brazos para señalar)* una bombilla así de grande.

CACHIVACHES.—No seas bruto, Bombillón es un gran sabio.

MATRACO.—¿Más que nosotros?

CACHIVACHES.—¡Psche!, más o menos; pero sabe cosas que nosotros somos incapaces de conocer.

MATRACO.—Si es un sabio, no querrá ayudarnos.

CACHIVACHES.—Claro que querrá, le haremos creer que necesitamos un arma especial para luchar con una terrible fiera que habita en el bosque.

MATRACO.—*(Se palpa la cara.)* Además, de verdad. Cómo pega el tío...

CACHIVACHES.—Yo iré en su busca mientras tú recaudas el dinero.

MATRACO.—¿Me vas a dejar solo?

CACHIVACHES.—No irás a tener miedo ahora, ¿verdad?

MATRACO.—¿Yo?, no sé qué es eso.

CACHIVACHES.—Pues en marcha.

(Salen por el lateral. Oscuro muy breve, acompañado de música. A su término, PIPIRRANA y HOJALDRINA aparecen por el lateral opuesto.)

HOJALDRINA.—A mí esto me da muy mala espina. Se me hace muy cuesta arriba pensar que los pieles verdes quieran portarse mal con nosotros. Pero si Matraco y Cachivaches lo dicen...

PIPIRRANA.—Yo creo que esos dos traman algo sucio. No me fío de ellos.

HOJALDRINA.—¿Y qué me dices de ese amigo calvo que se han buscado? No sé si será trigo limpio, y eso que no parece mala persona. Algo preparan.

PIPIRRANA.—Nada bueno.

HOJALDRINA.—Mujer, también hay que tener confianza.

PIPIRRANA.—Consultaré mi bola de cristal, a ver si averiguo la verdad.

HOJALDRINA.—Pero ¿funciona?

PIPIRRANA.—Sí, hija, le he puesto pilas nuevas.

HOJALDRINA.—Pues a ver qué dice, porque la gente se ha tomado en serio este asunto y se puede liar una muy gorda. Hasta Surcos está convencido. No se me ocurre qué podríamos hacer.

PIPIRRANA.—No te preocupes, si es un asunto sucio, yo lo impediré. Sabes que tengo grandes poderes.

HOJALDRINA.—¿Estás segura?

PIPIRRANA.—¡Huy!, segurísima..., ¿o no?

HOJALDRINA.—Tú sabrás.

PIPIRRANA.—Bueno, la verdad es que últimamente me encuentro un poco torpona. *(Breve pausa.)* ¿Te has enterado de lo que le ha ocurrido a Meneos?

HOJALDRINA.—Sí, pobre hombre, hace una semana le dio un pronto y desde entonces no ha parado de correr.

PIPIRRANA.—¡Ja! Sabes que los nervios no lo dejaban estarse quieto ni un momento. *(Hace divertidos movimientos de imitación.)* Era más inquieto que el rabo de una vaca.

HOJALDRINA.—Esa será la causa de lo que le pasa.

PIPIRRANA.—No... *(Avergonzada.)* Es que fue a verme e intenté curarlo...

HOJALDRINA.—¿Que tú...?, ¿que le cambiaste los fusibles? *(Ríe.)* Mujer, un fallo lo tiene cualquiera.

PIPIRRANA.—Eso me digo.

(Se oyen ruidos de personas que se acercan.)

HOJALDRINA.—Alguien llega.

PIPIRRANA.—Serán esos dos con su amigo el calvo.

HOJALDRINA.—¿Hacemos mutis por el foro?

PIPIRRANA.—Hazlo tú, yo voy a esconderme, a ver si consigo enterarme qué trama el trío, que me tiene muy mosca. *(HOJALDRINA, en efecto, hace mutis por el foro.)* ¿He dicho mosca? ¡Mosca! Esa es la solución. Me convertiré en mosca y así podré espiarlos a placer. *(Muy teatral.)* ¡Abracadabra, pata de cabra! ¡Zacadacosca, culo de mosca! *(Abre los brazos.)* Mosca, piringotopotorrotear... ¡a revolotear! *(Empieza a mover los brazos como si quisiera volar, se detiene y se observa.)* ¡Puñeta!, no me ha salido. Tomaré las de Villadiego, que más vale un buen matorral que una coz en el trasero.

(Se esconde detrás de un matorral, que aquí no se han de poner trabas a la voluntad de los personajes. Inmediatamente, casi a tiempo de que la sorprendan, surgen CACHIVACHES, MATRACO y BOMBILLÓN, quienes cargan con un gran bulto, muy envuelto en papeles y con forma de sillón.

BOM-
BI-
LLÓN.

BOMBILLÓN es un ser de edad indefinible, de piel blanca como la cal y una cabeza enorme, sin orejas ni cejas, que, por su abultada frente y por la calva, no puede tener mayor parecido con una bombilla. Precisamente, cuando la pone en funcionamiento, tiene ideas luminosas. Su vestimenta no deja de ser menos curiosa: una mezcla entre astronauta, vendedor de hamburguesas y enfermero de la Seguridad Social. Según se mire, puede parecer sordo o despistado, pues ambas cualidades se reúnen en él sin mayores méritos. Todo ello, bien amalgamado, le da un talante bondadoso y simpático. Sitúan el bulto al foro, cerca de donde se oculta PIPIRRANA.)

CACHIVACHES.—¡Uf!, cómo pesa este trasto.

BOMBILLÓN.—¿Para qué quiero ponerme en la cabeza un casco? ¿No lo dirá por mi calva?

CACHIVACHES.—*(Eleva la voz.)* Digo que pesa mucho. Antes casi se nos cae al bajar la cuesta.

MATRACO.—*(Levanta la mano, en un gesto.)* Menudo susto.

BOMBILLÓN.—*(Le coge la mano y se la estrecha.)* El gusto es mío.

CACHIVACHES.—*(Baja la voz. A MATRACO.)* Está como un tapia.

BOMBILLÓN.—Estaré sordo, *(se señala la cabeza)* pero no tengo un pelo de tonto.

MATRACO.—Qué sabiduría la de este hombre.

CACHIVACHES.—Bueno, don Bombillón, estamos impacientes por conocer esa magnífica arma que ha creado para nosotros.

BOMBILLÓN.—La mejor, ya verán en qué poco tiempo habrán logrado dominar a esa fiera. Porque supongo que será verdad que se trata de una fiera, ¿no?

MATRACO.—No lo sabe usted bien. ¡Huy!, si yo le contara...

BOMBILLÓN.—Cuente, cuente.

(CACHIVACHES da un pisotón a MATRACO.)

MATRACO.—*(Con un grito. Se agarra el pie.)* ¡Ay!, si no tiene importancia, ahora lo más interesante es que nos enseñe su invento.

BOMBILLÓN.—*(Despistado.)* ¡Huy!, perdone, ¿le he pisado?

MATRACO.—No, digo ay porque estoy impaciente por conocer su arma.

BOMBILLÓN.— Ya... Demasiado nerviosos les noto. El sosiego es hermano de las buenas acciones; la impaciencia, hija de las malas.

CACHIVACHES.—*(Despistando.)* No, sólo sentimos curiosidad por conocer su trabajo. Estamos seguros de que habrá hecho una maravilla, que usted es un genio, don Bombillón, el más grande de los sabios.

BOMBILLÓN.—Y usted, un poco pelotillero, ¿no?

MATRACO.—*(Aparte. Ríe y se contorsiona.)* Escarabajo pelotillero.

CACHIVACHES.—*(Sin darse por aludido.)* Oiga, ¿qué utiliza su arma, pólvora, radiactividad o rayos láser?

BOMBILLÓN.—Energía eléctrica.

CACHIVACHES.—Ya sé qué es: ¡una silla eléctrica!

BOMBILLÓN.—Una silla eléctrica... *(Le propina tal golpe en el sombrero, que se lo encasqueta hasta las narices.)* ¡Qué bruto!

MATRACO.—¡Una trituradora!

BOMBILLÓN.—Anda que el otro... ¡Qué zopencos! Sencillamente, se trata de algo que posee lo único con que se puede vencer a las fieras: fuerza e inteligencia.

CACHIVACHES.—¡Un comerciante!

MATRACO.—¡Un cazador!

(BOMBILLÓN mira a ambos, que retroceden avergonzados, de espaldas al público. Los sigue con pasos marcados hasta que llegan al borde del escenario, con lo que dará la impresión de que van a caer.)

CACHIVACHES Y MATRACO.—*(A dúo.)* ¿No...?

BOMBILLÓN.—¡No! Mejor dejamos la cháchara y lo vemos. ¿Me ayudan a desempaquetarlo?

CACHIVACHES.—Encantados.

(MATRACO y CACHIVACHES corren hacia el bulto y, apresuradamente, comienzan a quitarle los papeles que lo cubren, entre palabras incomprensibles.)

BOMBILLÓN.—¡Cuidado!, a ver si estalla.

(Ambos compinches pegan un brinco y se apartan, asustados. BOMBILLÓN ríe su broma.)

CACHIVACHES.—Ábrelo tú.

MATRACO.—Tú eres el jefe.

CACHIVACHES.—Por eso, te lo ordeno.

BOMBILLÓN.—Está bien, lo haré yo. ¿Por qué sólo el miedo será capaz de vencer a la curiosidad? *(Pausa. Mira hacia todos lados.)* ¿Qué iba a hacer yo? ¡Ah! sí. *(Termina de quitarle el envoltorio. Queda al descubierto un actor joven, con el cuerpo enfundado en un traje de bello diseño y agradable colorido y con la cabeza oculta por una especie de máscara. Está sentado sobre una caja.)* Helo aquí.

CACHIVACHES.—*(Con decepción.)* Sólo es un muñeco.

BOMBILLÓN.—¿Qué esperaba?

CACHIVACHES.—Una bomba atómica... o de neutrones, o un misil tierra-leñador.

MATRACO.—Lo normal.

BOMBILLÓN.—¿Eh?

MATRACO.—Lo normal.

BOMBILLÓN.—El anormal lo será usted. Y ahora mismo me marcho. No estoy dispuesto a que me insulten.

CACHIVACHES.—No ha dicho eso.

BOMBILLÓN.—*(Enfadado.)* No me gusta el queso.

CACHIVACHES.—Haya paz. Nadie ha hablado de quesos.

BOMBILLÓN.—De acuerdo, haremos las paces, pero nada de besos. *(Aparte.)* ¡Qué cochinada!

MATRACO.—Explíquenos qué piensa que hagamos con este muñeco.

BOMBILLÓN.—¿Qué muñeco?

MATRACO.—Ese.

BOMBILLÓN.—*(Se acerca a CACHIVACHES y lo*

mira de arriba abajo y con detenimiento.) Para ser un muñeco está muy conseguido. Un poco feo y negro, quizá, parece un escarabajo.

MATRACO.—*(Vuelve a reír. Aparte.)* Escarabajo pelotillero.

CACHIVACHES.—*(Señala. Desesperado.)* Aquel muñeco.

BOMBILLÓN.—¡Oh!, haberlo dicho. Eso no es un muñeco, es un robot.

CACHIVACHES.—¡Ahhh...! ¿Y para qué sirve?

BOMBILLÓN.—Para luchar con la fiera. Desde luego, no se enteran de nada, son un poco distraidillos, ¿eh? Mire, éste no es un robot cualquiera. Está hecho con un material especial de mi invención, que le da exactamente el aspecto de un ser humano. Vamos, que si no lo supiesen, creerían que es una persona.

MATRACO.—¿Qué le ocurre en la cara?

BOMBILLÓN.—Que no está terminada, no había endurecido el material. Ahora hay que quitarle el molde.

(Le quita la máscara. El actor que encarna al robot estará totalmente estático, rígido, inanimado. Su rostro, debidamente caracterizado, no dará imagen de un ser artificial, sino todo lo contrario, más humano que cualquiera de los personajes, si bien su piel será también roja.)

CACHIVACHES.—¿Y qué tiene de especial este robot?

BOMBILLÓN.—Muy sencillo, es todo lo contrario a los hombres, pues, siendo un ser mecánico, se empeña en parecer humano. A pesar de su aspecto normal, su cerebro electrónico y su fuerza le hacen superior a cualquiera. Así, la fiera se confiará y él logrará vencerla.

MATRACO.—Muy astuto.

BOMBILLÓN.—Arturo, no. Se llama Elec, de electrónica: Elec, por parte de madre. Está programado para que obedezca las órdenes de ustedes. Sin embargo, el funcionamiento de su cerebro electrónico es muy difícil de controlar, por lo que existe el peligro de que, ante ciertos estímulos, actúe por su cuenta.

CACHIVACHES.—No importa, ya nos ocuparemos nosotros de controlarlo, ¿verdad, Matraco?

MATRACO.—Es nuestra especialidad.

BOMBILLÓN.—Bueno, voy a ponerlo en funcionamiento. *(Saca una especie de mando a distancia y hurga en los botones. ELEC, el robot, empieza a responder a las señales con movimientos débiles y mecánicos de brazos y cabeza, como a impulsos intermitentes. Su expresión es inanimada. Sólo parpadea.)* Ahora hay que ajustarlo.

MATRACO.—*(Se acerca a ELEC.)* Parece un muñeco de feria.

ELEC

ELEC.—*(Con la característica voz de máquina parlante.)* Y tú, una zanahoria enlatada. No te fastidia el mequetrefe, fatuo, chulángano, deslenguado, pinchaúvas, cara de bellota, acémila...

(BOMBILLÓN pulsa todos los botones del mando, hasta que consigue que guarde silencio.)

MATRACO.—Oiga, no consiento que su muñeco me insulte. *(Levanta el puño amenazadoramente sobre la cabeza del robot.)* Le arreo un trompazo que lo convierto en chatarra.

(ELEC le hace una sonora pedorreta. MATRACO retrocede asustado.)

BOMBILLÓN.—No se lo tome en cuenta, ya les he dicho que aún no está ajustado. Vamos a ver, Elec, levanta el brazo izquierdo. *(El robot levanta la pierna derecha.)* Ahora, la pierna derecha. *(Levanta los brazos.)* Muy bien.

MATRACO.—No da una.

BOMBILLÓN.—Si son las doce, ¿cómo va a dar la una?

CACHIVACHES.—Dice que no da una.

BOMBILLÓN.—Usted se calla.

CACHIVACHES.—Pero, bueno, ¿yo qué he hecho?

BOMBILLÓN.—¿No ve que son pruebas? *(A ELEC.)*

Dime cuál es la raíz cúbica del número pi multiplicado por el número de teléfono de *(señala a un espectador)* aquel niño.

ELEC.—*(Canta.)* ¡Las vacas del pueblo ya se han «escapao»!

BOMBILLÓN.—Perfecto.

CACHIVACHES.—¿Esto es un arma o la reproducción de un tenor acatarrado?

BOMBILLÓN.—No, no estoy acatarrado, sino harto de ustedes. ¿Es que pretenden tomarme el pelo? *(Breve pausa.)* Bueno, mi misión ha terminado. Dentro de unos momentos todo su mecanismo se habrá ajustado y podrán utilizarlo. Déjenlo ahí sentado y acompáñenme hasta el camino, que tengo una prisa enorme por marcharme. Llevo demasiados días fuera de casa.

CACHIVACHES.—Pero antes enséñenos a manejarlo.

BOMBILLÓN.—No hay nada que enseñarles. Ya les he dicho que es igual que una persona, sólo tendrán que hablarle. ¡Ah!, y cada año, cambiarle las pilas. *(Los empuja divertidamente.)* Vamos, vamos. ¡Huy, qué tipos más torpes!

(Mutis de los tres personajes. ELEC no se mueve y permanece con los ojos cerrados. PIPIRRANA sale de su escondite y se aproxima al robot. Lo mira detenidamente.)

PIPIRRANA.—¡Huy, qué guapo! Parece de porcelana. Tengo que encargar al calvo que me haga un novio como éste..., o mejor dos, uno de repuesto por si las moscas. Pero que sean buenas personas, porque éste no parece que venga con sanas intenciones. Tengo que hacer algo antes de que preparen alguna con él. Si supiese lo que hice a Meneos, lo pondría a correr hasta que le diese siete vueltas a la Tierra. Pero seguro que no me vuelve a salir. Aquello fue una equivocación. *(Piensa.)* Mejor sería destruirlo. No, no estaría bien, porque aunque sea un robot, parece una persona. Lo convertiré en águila y que se marche volando. Así evitaré complicaciones. Eso es, en águila real, magnífica, suave, ligera y veloz como una bella palabra. *(Describe círculos con las manos.)* ¡Abracadoso, pata de oso, murciélagos y escupitajos, truenos, sapos y paloduz! Pátila, nátila, reberbotigátila, conviértete en águila y échate a volar, ¡tracatrá, tra, tra! *(sorprendida de que nada ocurra.)* ¡Tra, tra! *(Golpea el suelo con el pie.)* He dicho ¡tra, tra! Ni tra ni nada, que no me sale.

ELEC.—*(Abre los ojos y mira a PIPIRRANA. Hablará ya con normalidad.)* ¡Hola!

PIPIRRANA.—¡Ho...hola!

ELEC.—Me llamo Elec, ¿y tú?

PIPIRRANA.—Yo no. Bueno, yo soy Pipirrana.

ELEC.—Un nombre muy bonito.

PIPIRRANA.—*(Coqueta.)* ¿De verdad te gusta?

ELEC.—Sí, tiene musicalidad. *(Silabea.)* Pi-pi-rra-na. ¿Y quién eres?

PIPIRRANA.—Soy curandera, visionaria e inventora.

ELEC.—¿Y qué has inventado?

PIPIRRANA.—Aún nada, pero cuando lo invente... *(Tímida.)* Mis vecinos dicen que soy una bruja.

ELEC.—*(Se levanta.)* ¿Una bruja, qué es eso?

PIPIRRANA.—Pues..., pues..., como una santa, pero sin corona.

ELEC.—¿Seguro?

PIPIRRANA.—Bueno, más o menos.

ELEC.—¿Sabes qué hago yo en este lugar tan bonito?

PIPIRRANA.—Te ha creado un sabio para que ayudes a Cachivaches y a Matraco.

ELEC.—¿Quiénes son ésos?

PIPIRRANA.—Dos golfos.

ELEC.—¿Golfos? *(Consulta su memoria. Como un papagayo.)* Golfo: gran porción de mar que se interna en la tierra.

PIPIRRANA.—No, no son golfos de ésos. Son dos vecinos que quieren utilizarte para dominar el bosque. Algo que yo no veo muy claro. Por si acaso, no te fíes. Estáte atento. *(Hace pantalla con la mano sobre la oreja.)* Ya regresan, me tengo que marchar. Ten cuidado, y si me necesitas, búscame. Mi casa es fácil de localizar, no tiene puerta ni ventanas, sólo chimeneas: cuarenta y cinco.

ELEC.—¿Y por dónde entras?

PIPIRRANA.—Muy sencillo, por la chimenea que no echa humo. Adiós, guapetón, resalado, tío bueno.

(Se marcha a todo correr por el lateral. Aparecen MATRACO y CACHIVACHES.)

CACHIVACHES.—Hombre, ya funciona.

ELEC.—¡Hola!, ¿quiénes sois vosotros?

CACHIVACHES.—Somos tus jefes.

ELEC.—¿Mis jefes?

MATRACO.—Sí, jefe Matraco y jefe Cachivaches. Estás programado para obedecernos.

ELEC.—*(Hace divertidos gestos, como si estuviera comprobando datos internos.)* Sí, los chips de mi memoria dicen que es así.

CACHIVACHES.—Bien, bien, esto marcha. Antes de nada, veamos cómo responde. A ver, Elec, pégale una bofetada al jefe Matraco.

ELEC.—¿Por qué voy a pegarle una bofetada?

MATRACO.—Eso, ¿por qué va a pegarme una bofetada?

CACHIVACHES.—Para comprobar si obedece.

MATRACO.—Pues dile que te dé una patada en el trasero.

CACHIVACHES.—¿Para qué?, has visto que no obedece este tipo de órdenes. No nos va a servir para lo que pretendemos. Ya verás, te lo demostraré. Elec, pégame una patada en el culo. *(El robot queda quieto.)* ¿Te convences? Es inútil. Anda, saleroso, decídete.

(CACHIVACHES se vuelve y se agacha, incitando a ELEC. De repente, éste le propina una tremenda patada que le hace dar una divertida cabriola.)

ELEC.—Misión cumplida, jefe.

CACHIVACHES.—*(Entre lamentos.)* Funciona, Matraco.

MATRACO.—Funciona, funciona.

CACHIVACHES.—Con un arma tan poderosa, seremos la primera potencia.

MATRACO.—Tenemos que lograr que actúe cuanto antes.

CACHIVACHES.—Sí, hay que sacar rentabilidad al dinero que nos ha cobrado Bombillón.

ZiUM

MATRACO.—Por cierto, ¿dónde está el dinero que ha sobrado después de pagarle?

CACHIVACHES.—*(Despistando.)* ¿Dinero? No seas materialista en estos momentos sublimes. ¡Qué falta de espiritualidad! Ahora sólo importa demostrar la rentabilidad de nuestra inversión.

MATRACO.—Y corresponder a la confianza que han depositado en nosotros los habitantes del valle.

CACHIVACHES.—Eso es. *(Pasa un brazo por el hombro de ELEC.)* Verás, muchacho, *(se lo lleva hacia el foro, seguido de MATRACO)* hay un leñador en el bosque que no consiente...

(Música y telón)

SEGUNDA PARTE

(Al levantarse el telón, encontramos el decorado que representa el bosque. ELEC toca una flauta, sentado sobre una piedra. Por un lateral llega TRONCO, el leñador. Es un hombre tremendamente fuerte, alto, de manos enormes, piernas larguísimas —debería usar zancos—, con la piel verde y el pelo como si fuera de oro. Destacan sus orejas exageradamente largas y puntiagudas y su nariz estrecha y afilada como el pico de una zancuda. Viste pantalones de pana y camisa de tirantes, y trae un hacha a la cintura. Se acerca a ELEC, que no lo ve, y queda prendido por su música.)

TRONCO.—*(Cuando ELEC deja de tocar.)* Muy bonito eso que tocabas.

ELEC.—¡Ah!, no te había oído llegar. ¿Te ha gustado?

TRONCO.—Sí, mucho.

TRON-
CO.

ELEC.—Si quieres te dejo la flauta para que toques un poco.

TRONCO.—Gracias, pero yo no sé hacerlo.

ELEC.—Entonces, ¿qué sabes hacer?

TRONCO.—Sólo sé trepar a los árboles, distinguir el canto del ruiseñor o el olor de las flores e interpretar el lenguaje de las ardillas. Únicamente cosas sencillas, de las que nadie quiere aprender. Muy poco, como puedes observar.

ELEC.—Pues ya sabes cosas que yo ignoro. Me gustaría aprenderlas.

TRONCO.—Es muy fácil. Si lo deseas puedo enseñarte.

ELEC.—*(Se levanta.)* ¡Qué bien! Yo, a cambio, te enseñaré a tocar la flauta. La he construido yo.

TRONCO.—Bueno, pero seguramente tardaré mucho.

ELEC.—No importa, tengo todo el tiempo del mundo.

TRONCO.—Mejor, porque aquí en el bosque los años son más largos y, sin embargo, más cortos.

ELEC.—¡Caramba!, dicen que soy muy inteligente y no consigo entender lo que has dicho.

TRONCO.—Lo comprenderás si te quedas a vivir aquí.

ELEC.—¿Tú siempre has vivido en el bosque?

TRONCO.—Siempre. No conozco más mundo que éste.

ELEC.—¿Y el valle?

TRONCO.—Sólo lo he visto desde aquí arriba, pero conozco a algunos de sus habitantes.

ELEC.—¿Crees que son buena gente?

TRONCO.—Son seres humanos.

ELEC.—Deduzco que quieres decir que sí.

TRONCO.—Así es. Puede que algunos tengan torcidas intenciones, pero lo que cuenta es la colectividad. No se puede mirar de frente ni arriba si no se cree en los demás.

ELEC.—Sin embargo, los habitantes del valle no parece que crean en vosotros. Dicen que queréis imponerles vuestras condiciones.

TRONCO.—No es una condición exigir lo justo, sino una necesidad. Defendemos que los animales tengan oportunidad de salvarse. Nosotros los cazamos cara a cara, sin trampas, y sólo para alimentarnos. No se puede matar por matar, como es hacerlo por sus pieles. Sapien, el más anciano de los habitantes del bosque, dice que los hombres usan las pieles más por presunción que por protegerse del frío, que si no, hubiesen dedicado su esfuerzo a lograr tejidos de mayor abrigo que las pieles en vez de inventar armas de fuego.

ELEC.—Creo que es justo lo que dices, pero ellos no creen que sean ésas vuestras razones.

TRONCO.—Existe otra además; no nos gusta que nos priven de lo nuestro con engaños.

ELEC.—Dicen que sois vosotros quienes queréis apropiaros de lo suyo.

TRONCO.—¿Y tú qué crees?

ELEC.—No sé.

TRONCO.—Te envían ellos, ¿verdad?

ELEC.—Sí, mi cerebro no me permite mentir.

TRONCO.—¿Y cuál es tu misión?

ELEC.—Tengo que vencer y dominar a un leñador.

TRONCO.—¿Te han dicho su nombre?

ELEC.—No, sólo su oficio. Estaban tan impacientes porque viniera al bosque que debieron de olvidarlo.

TRONCO.—¿Qué te hace pensar que podrás vencerlo?

ELEC.—Poseo dos cualidades con las que podré hacerlo: fuerza e inteligencia.

TRONCO.—La inteligencia domina a la fuerza, razón por la que te sentirás incapaz de enfrentarte a él si sólo conoces lo que te han contado. Un ser inteligente no se guía por habladurías.

ELEC.—Me caes bien. ¿Cómo te llamas?

TRONCO.—Tronco, ¿y tú?

ELEC.—Elec. Sí, creo que haré de ti un gran flautista. Me gustaría ser tu amigo.

TRONCO.—Para ser amigo de alguien basta sólo con desearlo.

ELEC.—¿Por qué tu piel es verde?

TRONCO.—Así es la de todos los habitantes del bosque. Es un medio de defensa, de este modo se nos confunde con la vegetación en caso de que alguien quiera atacarnos. También nos es útil para cazar. De esta forma podemos acercarnos con mayor facilidad a nuestras presas.

ELEC.—Un caso de mimetismo, como ocurre a muchos animales.

TRONCO.—Sí. *(Breve pausa.)* ¿Cuándo me enseñarás a tocar?

ELEC.—Cuando tú quieras, pero antes tengo que vencer al leñador.

TRONCO.—No tienes por qué.

ELEC.—Sí, es mi misión.

TRONCO.—Pero no tienes motivos.

ELEC.—Sí, me lo han ordenado.

TRONCO.—No puedes luchar con él, no es tu enemigo.

ELEC.—Es verdad. No podré mientras no me den razones más serias para hacerlo. Volveré al valle y se lo diré. Adiós, Tronco, me alegro de haberte conocido. Pronto volveré. Toma, te regalo la flauta para que vayas practicando. *(Se la entrega.)* Adiós, amigo.

TRONCO.—Espera. Yo también quiero regalarte algo. *(Le da el hacha.)* Con ella podrás cortar árboles de un solo golpe.

ELEC.—Puedo hacerlo con el canto de mi mano, ya te he dicho que poseo una fuerza terrible. Pero no importa, la guardaré como recuerdo de nuestra amistad.

TRONCO.—Si es así, eres más fuerte que el leñador. Sin embargo, nunca podrás cortar el acero ni la roca con el canto de tu mano.

ELEC.—Claro, eso es imposible.

TRONCO.—Podrás hacerlo con mi hacha. Está construida con un metal durísimo que sólo existe en este bosque. Lo forman los árboles que crecen al revés.

ELEC.—¿Los árboles que crecen al revés?

TRONCO.—Sí, con las raíces al aire y las ramas bajo tierra. Sus hojas son de este metal. Pero nadie debe saberlo, si no, vendrían en su busca y destruirían el bosque.

ELEC.—Nadie lo sabrá, te lo prometo. *(Mueve el hacha en son de despedida.)* Gracias, amigo.

TRONCO.—Adiós.

(Oscuro, durante el que se oye música de flauta. Cuando vuelve la luz, se repite el decorado del principio de la obra. En escena, CACHIVACHES, MATRACO y ELEC.)

CACHIVACHES.—*(Está muy alterado.)* De modo que vuelves del bosque sin haber vencido al leñador. Y lo que es peor, ni siquiera lo has buscado.

ELEC.—No tengo motivos para pelear con él.

CACHIVACHES.—Claro que los tienes, te lo hemos ordenado. Tu única obligación es obedecernos.

MATRACO.—A tus jefes maravillosos.

ELEC.—Eso es verdad, pero si mi cerebro no encuentra razones para ejecutar un mandato, recibo la orden de error y no puedo realizarla.

CACHIVACHES.—Una máquina tonta.

MATRACO.—*(A CACHIVACHES.)* Un timo, el calvo nos ha engañado. Nos hemos lucido con tu magnífico sabio de pacotilla. Nos quedaremos sin dominar a los pieles verdes. Por el contrario, tendremos que aceptar sus condiciones. *(A ELEC. Con agresividad.)* ¿Acaso no es razón suficiente?

ELEC.—Ellos no quieren poner condiciones, sólo exigen lo justo.

CACHIVACHES.—¿Y tú cómo lo sabes?

MATRACO.—Eso, ¿cómo lo sabes?

ELEC.—Me lo ha dicho mi amigo.

MATRACO.—¿Qué amigo?

ELEC.—Uno que he encontrado en el bosque. Me ha regalado esta hacha.

MATRACO.—*(Alarmado.)* ¿Cómo se llama?

ELEC.—*(Con fingida inocencia.)* ¿El hacha?

CACHIVACHES.—*(Desesperado.)* ¡No!, tu tía.

ELEC.—Yo no tengo ninguna tía.

MATRACO.—Tu amigo, animal.

ELEC.—*(Sigue su juego.)* No he conocido a ningún animal.

MATRACO.—*(Fuera de sí.)* El que te ha regalado el hacha.

ELEC.—¡Ah!, bueno. Tronco.

CACHIVACHES.—*(Le propina empellones.)* Ese es el leñador, ¡estúpido, majadero, saco de tornillos...!

(ELEC, sorprendido por la actitud agresiva de CACHIVACHES, lo coge de una oreja y lo pasea por escena. Por las zancadas y el

andar de puntillas de éste, da la impresión de que fuera llevado en volandas. MATRACO coge una estaca enorme y acude en defensa de su compañero. Golpea a ELEC en la cabeza, pero éste no se entera siquiera y la estaca se parte en dos.)

ELEC.—*(Con cómico afecto.)* ¿Por qué me insultas?

CACHIVACHES.—¡Ay, ay, ay...! Yo no he dicho nada, nada, ¡nada!

ELEC.—*(Lo suelta.)* No lucharé con nadie mientras no me deis razones que me convenzan.

CACHIVACHES.—Matraco, dáselas. *(Entre dientes.)* Vamos, zúrrale, ¿a qué esperas?

MATRACO.—*(Que no ha parado de mirar y remirar el trozo de estaca que le ha quedado en la mano.)* Creo que, en vista de las circunstancias, mejor será que nos replanteemos de nuevo el asunto.

CACHIVACHES.—*(Temeroso.)* Sí, sí, tengo una idea. *(A ELEC. Muy sonriente.)* ¿Te importaría decir a Surcos que venga un momento? Está ahí al lado. *(Cobista.)* Si no te molesta, claro, ¡je, je!

ELEC.—No, no es molestia, le avisaré.

CACHIVACHES.—Gracias, muchas gracias.

(Hace mutis.)

MATRACO.—Todo está perdido. Nuestros planes de

dominio han fracasado. Adiós caza, adiós negocios. Tú y tu sabio Bombillón, ¡narices!

CACHIVACHES.—Te equivocas. Para nada necesitamos a este monigote mecánico.

MATRACO.—*(Hace alarde de músculos.)* Si quieres, yo puedo obligarlo a que nos obedezca. Para mí está chupado.

CACHIVACHES.—Nada de eso, lucharemos nosotros.

MATRACO.—¿Nosotros?

CACHIVACHES.—Bueno, nuestros vecinos. Por este motivo le he mandado que llame a Surcos. Nosotros dirigiremos la operación.

MATRACO.—¿Y si los vencen?

CACHIVACHES.—¡Je, je!, todo está previsto. ¡Si los vencen diremos a Elec que nos han atacado! ¿No quiere una razón?, pues ya la tendrá.

MATRACO.—¡Qué listo eres, Cachivaches! Pero si vencemos, ¿qué haremos con Elec?

CACHIVACHES.—Se lo llevaremos a Bombillón y que nos devuelva nuestro dinero. Aunque se me ocurre una idea mejor, puesto que en ese caso mandaremos nosotros, obligaremos a los pieles verdes a que nos lo compren por el doble de lo que pagamos por él. Una de las ventajas de ser un país poderoso es la de que puedes vender a los demás lo que a ti ya no te sirve. Encima quedan agradecidos y contentos.

MATRACO.—Cachivaches, no hay en el mundo otro comerciante como tú.

CACHIVACHES.—No creas, amigo mío. ¡Huy!, si yo te contara...

(Aparece SURCOS.)

SURCOS.—¿Queríais verme?

CACHIVACHES.—Sí, querido amigo y honorable vecino.

SURCOS.—Pues ya me habéis visto. *(Hace ademán de marcharse.)* Adiós.

CACHIVACHES.—Espera, hombre, queremos que sepas que el asunto se ha puesto feo, pero que muy feo.

SURCOS.—*(Señala a MATRACO.)* ¿Ahora le llamas «asunto»?, yo creía que se llamaba Matraco... Pero es igual, era así de feo desde pequeñito.

CACHIVACHES.—No, el asunto del bosque.

SURCOS.—*(Con cara de fingida estupidez.)* ¡Ah...!

CACHIVACHES.—Elec no quiere ayudarnos. Pero no importa. Los vecinos del valle somos invencibles.

MATRACO.—Indestructibles e incombustibles.

SURCOS.—*(Burlón.)* Bles. Un momento, ¿qué quieres decir?

CACHIVACHES.—Que tendremos que arreglarnos solos.

SURCOS.—Muy bien, arreglaos solos.

CACHIVACHES.—Arreglarnos solos: todos.

SURCOS.—No pretenderás que peleemos, ¿eh? Ojo que te veo venir, que a nosotros no nos gusta la violencia.

CACHIVACHES.—No vamos a consentir que se salgan con la suya, ¿verdad?

SURCOS.—No, claro que no, pero...

MATRACO.—Si quieren guerra, la tendrán. ¡Mecachis en la mar!, mira que me lanzo.

SURCOS.—Pero...

CACHIVACHES.—Déjate de peros. Reúne a todos los vecinos y preparad un ataque al bosque.

SURCOS.—¿Y vosotros?

CACHIVACHES.—Nosotros estaremos al pie del cañón desde la vanguardia trasera.

SURCOS.—¿Qué quiere decir la vanguardia trasera?

CACHIVACHES.—Lo mismo que la retaguardia delantera. Alguien tiene que dar las órdenes supremas.

SURCOS.—Pero...

CACHIVACHES.—Y dale. Verás, tú serás el... el... el general. ¡Eso!, el general que los mande.

SURCOS.—*(Sorprendido.)* ¿Cómo?

CACHIVACHES.—Sí, el general invicto y glorioso que los guíe.

SURCOS.—*(Se le ilumina la mirada.)* ¿Yo?

MATRACO.—Es lo menos que puede ser un hombre de tu valor.

SURCOS.—*(Con cierto aire de ilusión.)* ¿General? ¿De verdad?

CACHIVACHES.—Claro que de verdad.

SURCOS.—Pero si en la mili no aprobé siquiera los cursos de cabo...

MATRACO.—No importa, pero adquiriste los conocimientos suficientes.

SURCOS.—En serio, no sé si sabré.

CACHIVACHES.—Claro que sabrás.

MATRACO.—Y ganarás medallas.

CACHIVACHES.—Eso, medallas. Vamos a condeco-

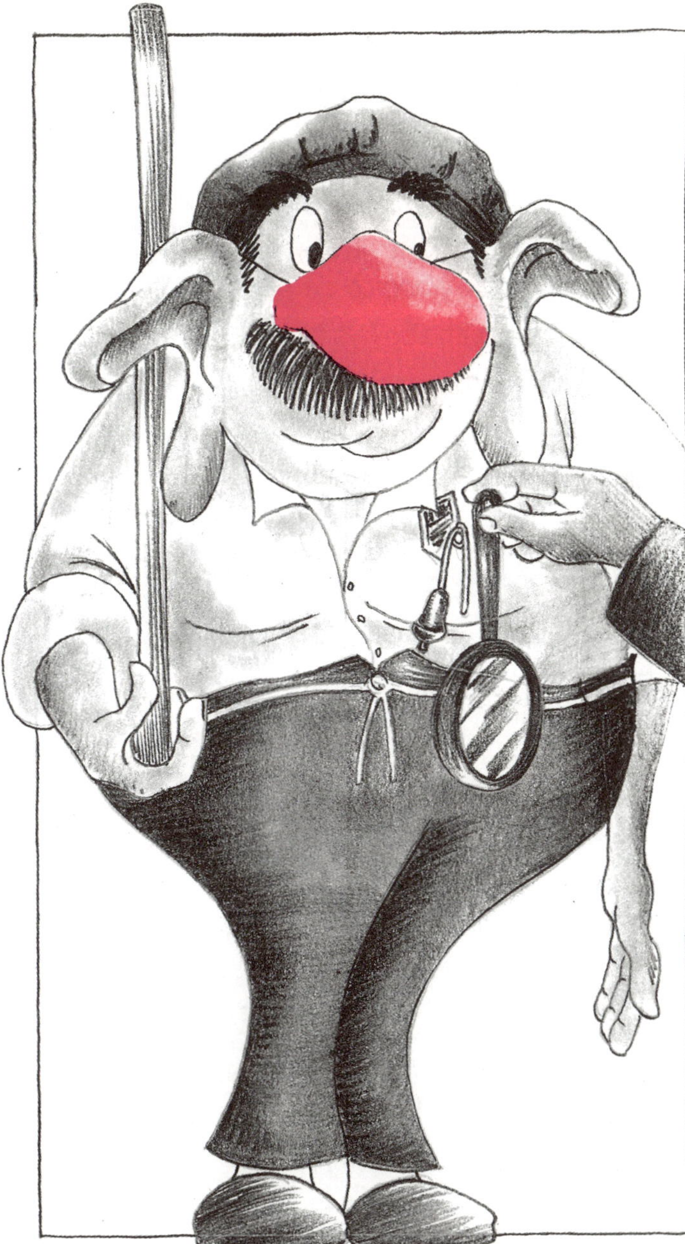

rarte por anticipado. Será una inversión segura, como cuando conceden préstamos a los ricos.

(CACHIVACHES coge unas baratijas del mostrador de su tienda —colgantes disparatados, como una pequeña sartén, un interruptor eléctrico de pera, un escudo municipal, etc.— y los cuelga del pecho de SURCOS.)

SURCOS.—*(Hincha el pecho y adopta una postura muy militar.)* Prepararé mi ejército y, muy pronto, el enemigo será derrotado.

CACHIVACHES.—Así me gusta, general.

SURCOS.—Demostraré que me suspendieron injustamente en los cursos de cabo.

CACHIVACHES.—Bien dicho. Bueno, pues no perdamos un instante. ¡Es la guerra!

SURCOS.—¡Es la guerra!

(Se carga el cayado al hombro, como si de un fusil se tratara, e inicia una salida marcial hacia el foro. Oscuro y música de marcha militar.
Cuando vuelve la luz, el escenario no ha cambiado. CACHIVACHES y MATRACO brindan con naranjada.)

CACHIVACHES.—¡Por la victoria!

MATRACO.—¡Por la victoria! Muy seguro debes de estar de ella cuando te has permitido invitarme a una naranjada.

CACHIVACHES.—¿Qué son cinco duros frente al porvenir que nos aguarda?

MATRACO.—*(Presta oído.)* Alguien se acerca.

CACHIVACHES.—Será Surcos que viene a proclamar su triunfo. Recibámoslo con los honores que se merece.

(Ambos personajes se colocan en fila, en posición muy ceremoniosa, con el pecho inflado y la cabeza alta. Por el foro aparece SURCOS, al que da pena verlo. Trae las ropas hechas jirones, roto el cayado y el cuerpo lleno de moratones y cómicos vendajes.)

CACHIVACHES.—Cuéntanos, general, el éxito de tu campaña.

SURCOS.—De general, nada. Yo dimito.

MATRACO.—¿Y eso?

SURCOS.—Nos han breado, nos han zurrado de lo lindo, nos han vapuleado. ¡Quién nos mandaría meternos en esto!

CACHIVACHES.—Pero ¿y ellos?

SURCOS.—También se han llevado su parte. Esto de

la guerra es una estupidez, una solemne majadería que os habéis inventado los que no os lleváis una sola bofetada. Nadie quiere saber más de guerras. Opinamos que esto es un engaño, un timo como el de la estampita.

CACHIVACHES.—Están desmoralizados.

MATRACO.—¿Quién los moralizará? El moralizador que los moralizare...

CACHIVACHES.—¡Calla, majara!

SURCOS.—Desmoralizados, no; con los ojos bien abiertos. Si queréis guerra, hacedla vosotros, dirigentes de pacotilla.

CACHIVACHES.—¿Has oído, Matraco?

MATRACO.—He oído, Cachivaches. ¡Qué vergüenza! El ejército se rebela. ¡Traición! ¿Dónde está el sentimiento patriótico de nuestros vecinos?

SURCOS.—*(Levanta amenazadoramente lo que le queda del garrote.)* Yo os voy a decir dónde está, caraduras.

(CHACHIVACHES y MATRACO tratan de protegerse uno con el cuerpo del otro. SURCOS se encuentra tan molido que le faltan las fuerzas para descargar su garrote.)

CACHIVACHES.—Tranquilo, Surcos, no te alteres. Si te comprendemos.

MATRACO.—Totalmente.

CACHIVACHES.—Y vamos a arreglar este asunto.

SURCOS.—Más os valdrá. ¡Menuda encerrona!

CACHIVACHES.—Todo está previsto. Espera y verás. Confía en nosotros. ¿Te he engañado alguna vez? *(SURCOS sopla con fuerza.)* Ya verás, pero tú no digas nada, colabora con nosotros. *(Grita.)* ¡Elec! Ya sabes, Surcos, calladito y asiente a lo que yo diga.

SURCOS.—No me fío.

MATRACO.—Sí, hombre, ten confianza.

(Llega ELEC por el lateral.)

ELEC.—¿Me habéis llamado? *(Al ver a SURCOS.)* Pero ¿qué te ha pasado, una manada de búfalos por encima?

CACHIVACHES.—*(Teatral.)* ¡Ay!, Elec, mira cómo nos han puesto los pieles verdes. Nos han atacado de improviso y nos han pegado una somanta impresionante.

MATRACO.—Mira nuestras heridas, observa nuestro aspecto lamentable. Da una vuelta y contempla a nuestros vecinos. Nos han zurrado.

SURCOS.—*(Aparte.)* Sobre todo a vosotros. Menuda jeta.

ELEC.—Pues parece que Surcos hubiera tenido la exclusiva.

CACHIVACHES.—Compadécete de nosotros. Mira nuestra miseria. Comprueba que era cierto lo que te decíamos de los hombres verdes. Ahora ya tienes razones. Has de ayudarnos.

MATRACO.—Sí, tú eres nuestra esperanza. Nosotros no podemos hacer nada. No permitas que recibamos otra paliza como ésta.

ELEC.—Pero si vosotros estáis intactos, sin un arañazo siquiera...

CACHIVACHES.—Es que nuestras heridas son en el alma, las más dolorosas, donde las reciben los dirigentes, los líderes.

SURCOS.—Yo me cambio.

ELEC.—¿Qué dices?

MATRACO.—Nada, no dice nada. Delira a consecuencia de los golpes.

CACHIVACHES.—¿Nos ayudarás?

ELEC.—Está bien, lo haré.

MATRACO.—Corre, ve al bosque y dales su merecido.

ELEC.—Mañana iré al bosque.

MATRACO.—¿Y no podría ser ahora?

ELEC.—¿Por qué tanta impaciencia?

CACHIVACHES.—*(Le da un codazo a MATRACO.)* No hay prisa. Si tú dices mañana, pues, mañana.

MATRACO.—Faltaría más, ¡je, je!

(Oscuro. Ruidos propios del bosque. Cuando vuelve la luz, aparece el decorado del bosque. ELEC descansa en el lateral.)

ELEC.—Llevo dos días vagando por el bosque y no he conseguido ver a ninguno de los hombres verdes. Tendré que esperar a que llegue el otoño y que amarilleen las hojas para poderlos distinguir. *(Pausa.)* ¿Estaré actuando bien o sólo será un engaño de los hombres del valle? Si alguien me dijera la verdad...

(Por el lateral opuesto surge ALBAHACA. Es una chica de edad similar a ELEC, de piel verde claro, cabello suelto y dorado y de una belleza incomparable. Viste con gracia y tiene una sonrisa dulce y atractiva.)

ALBAHACA.—¡Hola!

ELEC.—*(Se levanta turbado.)* ¡Ho...la!

ALBAHACA.—¿Te he asustado?

ELEC.—No, qué va. No esperaba encontrar a nadie por aquí.

ALBA-
HACA

ALBAHACA.—¿Estás seguro?

ELEC.—Quiero decir como tú. No tienes aspecto de que quieras atacarme.

ALBAHACA.—¿Por qué te iba a atacar?

ELEC.—¿Es que no perteneces al bosque?

ALBAHACA.—Hasta hace poco, no.

ELEC.—Igual que yo. ¿Has venido de visita, o eres una vendedora de... *(dígase cualquiera de los muchos nombres comerciales con que la televisión lava, machaconamente, el coco de los pequeños.)*

ALBAHACA.—No soy de aquí. Pero voy a quedarme a vivir con los hombres verdes. Son buena gente.

ELEC.—¡Huy!, no te fíes.

ALBAHACA.—¿Por qué lo dices?

ELEC.—Por nada, por nada, pero ten cuidado. Son algo agresivos y dominantes.

ALBAHACA.—No creo.

ELEC.—Pues créelo. A los habitantes del valle les hacen la vida imposible.

ALBAHACA.—No es cierto. Los pieles verdes solamente tratan de impedir que maten inútilmente animales para quitarles la piel y que los engañen vendiéndoles artículos de mala calidad y a precios abusivos.

ELEC.—No es motivo para atacarlos.

ALBAHACA.—Eso te lo han dicho ellos, ¿verdad?

ELEC.—Lo he visto. Bueno, en realidad he visto las consecuencias de su ataque. Menuda tunda les han arreado.

ALBAHACA.—¿Y no se te ha ocurrido pensar que pudieron ser ellos quienes atacaron y que los pieles verdes no hicieron sino defenderse?

ELEC.—No, la verdad, no se me había ocurrido.

ALBAHACA.—No comprendo qué pintas tú en esta guerra. No pareces mala persona.

ELEC.—Tampoco entiendo yo qué haces tú aquí.

ALBAHACA.—Los hombres verdes son mis amigos y trato de ayudarlos.

ELEC.—No imagino cómo puede ayudarlos a luchar una chica tan... tan... tan...

ALBAHACA.—Vamos, hombre, termina, que pareces una campana.

ELEC.—Tan delicada, eso es.

ALBAHACA.—Hay muchas maneras de ayudar, ¿no crees?

ELEC.—Yo sólo conozco una.

ALBAHACA.—Ya sé, la que quieres prestar a los pieles rojas, o sea, comportarte como ellos. A guerra, más guerra. ¿No comprendes que la guerra es una estupidez? Las guerras las provocan solamente quienes tienen ansias de poder, y porque creen que van a ganarlas. Seguro que no habría guerras si quienes las declaran tuviesen que estar en primera línea de combate.

ELEC.—En eso creo que tienes razón.

ALBAHACA.—¿A qué conducen las guerras? ¿Tienen algo positivo?

ELEC.—Bien mirado, las guerras no conducen a nada. La guerra es una tontería.

(Música, que acompañará a la siguiente canción.)

ALBAHACA.—*(Canta.)*

La guerra es un disparate,
una gran estupidez,
pues hasta los vencedores
tienen mucho que perder.

ELEC y ALBAHACA.—*(A dúo.)*

El hombre debe vivir
movido por ideales;
a la guerra sólo mueven
intereses comerciales.

ELEC.—

La guerra logra el progreso,
afirman sus partidarios,
pero más logran los hombres
mostrándose solidarios.

ALBAHACA y ELEC.—

El hombre debe vivir
movido por ideales;
a la guerra sólo mueven
intereses comerciales.

(Termina la música.)

ALBAHACA.—¿No crees que sería mucho más divertido si los pieles rojas y los pieles verdes se dedicaran a ser amigos?

ELEC.—Estoy convencido, pero yo no tengo más remedio que ayudarlos.

ALBAHACA.—¿Por qué?

ELEC.—Es mi obligación, ellos me han dado razones.

ALBAHACA.—Y si te han mentido, ¿qué?

ELEC.—Estaría haciendo el tonto, pero no tengo medio de averiguarlo. *(Breve pausa.)* Es una pena.

ALBAHACA.—¿Qué?

ELEC.—Que tengamos que luchar en bandos contrarios.

ALBAHACA.—Yo no pienso luchar, al menos como tú entiendes la lucha.

ELEC.—Bueno, lo siento, me tengo que marchar.

ALBAHACA.—¿Tan pronto?

ELEC.—Sí, tengo que encontrar a los hombres verdes.

ALBAHACA.—Para luchar con ellos, ¿verdad?

ELEC.—*(Triste.)* Sí.

ALBAHACA.—Siento que te vayas.

ELEC.—Y yo. Podría haber nacido una gran amistad entre nosotros.

ALBAHACA.—A mí también me hubiera gustado.

ELEC.—Yo me llamo Elec, ¿y tú?

ALBAHACA.—Albahaca.

ELEC.—*(Con arrobamiento.)* Un nombre tan bonito como tú.

ALBAHACA.—Tampoco tú estás mal.

ELEC.—¿Me permites que te ofrezca algo antes de marcharme?

ALBAHACA.—Bueno.

ELEC.—Pero cierra los ojos. *(Ella los cierra y adelanta graciosamente los labios como si esperara un beso. Él corta una flor y se la acerca.)* Ya puedes abrirlos.

ALBAHACA.—*(Sin abrirlos. Decepcionada.)* ¿Ya?

ELEC.—Sí. *(Le entrega la flor.)* ¿Te gusta?

ALBAHACA.—Sí, es muy bonita. Muchas gracias.

ELEC.—Quizá te parezca una tontería.

ALBAHACA.—No, ¿por qué?

ELEC.—Porque tal vez resulte ridículo que regale una flor un... un...

ALBAHACA.—¿Un qué?

ELEC.—Nada, un ser como yo.

ALBAHACA.—¿Qué tienes tú de malo?

ELEC.—Nada, cosas mías.

ALBAHACA.—Debe de ser eso.

(Se quedan mirando en silencio, divertidamente embobados. De repente, ELEC da un respingo y grita.)

ELEC.—¡Ya lo tengo!

ALBAHACA.—¡Qué susto! ¿Qué es lo que tienes?

ELEC.—Ya sé quién me dirá si me han mentido.

ALBAHACA.—¿Quién?

ELEC.—Pipirrana.

ALBAHACA.—¿Pipirrana?

ELEC.—Sí, la bruja simpática del valle.

ALBAHACA.—¿Crees que podrás encontrarla?

(Aparece PIPIRRANA por un lateral.)

PIPIRRANA.—*(Casi a gritos.)* ¡Buenas, buenas...!

ELEC.—¡Pipirrana! Sé lo que ha ocurrido, has sentido vibraciones cuando te he nombrado y has acudido por medio de tus poderes.

PIPIRRANA.—¡Quiá!, qué más quisiera: ¡andando! Sí, hijo. ¡Uf!, y cómo pega la cuesta.

ELEC.—Pues tu llegada es providencial. Ni que hubieras oído nuestra conversación.

PIPIRRANA.—*(Ruborosa.)* La he oído, la he oído. Por eso he salido. No creas que soy una curiosa. ¡Qué va! Sólo un poquito, pero casi ni se nota. Confieso que si me he atrevido a venir al bosque ha sido por buscarte. Quería decirte la verdad.

ELEC.—Pues dila.

PIPIRRANA.—¿La verdad, la verdad?

ALBAHACA.—Sí, por favor.

ELEC.—Sí, sí.

PIPIRRANA.—Pues que te han engañado como a un

chorlito. Los únicos que han atacado han sido Surcos y los demás.

ELEC.—Entonces, ¿los golpes, las heridas...?

PIPIRRANA.—¡Puñeta!, no pensarías que los hombres del bosque iban a estarse cruzados de brazos, ¿verdad?

ELEC.—Me han fallado mis chips.

ALBAHACA.—¿Tus qué?

ELEC.—No, nada, que ahora lo entiendo. Todo es una maniobra de Cachivaches y Matraco.

PIPIRRANA.—Así es. Y si yo no he recibido leña, ha sido porque me quedé escondida en casa.

ELEC.—Lo has sabido gracias a tu bola de cristal.

PIPIRRANA.—¡Qué va!, le pregunto y sólo me responde con música roquera. Ya no sé si es una bola de cristal o un aparato de radio. Lo he averiguado porque he oído lo que hablaban, escondida en la tienda de Cachivaches, dentro de una barrica. Qué estrechez, tengo la espalda y el culo molidos. Quieren hacerse amos de toda la región y controlar todo. ¡Qué originales! De esa forma, uno podrá cazar lo que le apetezca e incluso emplear a los pieles verdes para que le ayuden, y el otro piensa ponerse las botas con sus ventas. Pero no sólo tratan de aprovecharse de los pieles verdes, sino también de nosotros y de todos los que se pongan a tiro. Tienen un rostro...

ELEC.—Están claras sus intenciones. Albahaca, ya no tenemos que estar separados. No he de luchar con nadie, ni tampoco tendré que obedecer a quienes me han engañado. Soy libre.

ALBAHACA.—Y yo.

PIPIRRANA.—Sí, mucha historia, ¿y quién impedirá a esos dos truhanes que sigan haciendo de las suyas?

ELEC.—Lo haremos nosotros, ¿verdad, Albahaca?

ALBAHACA.—Sí, acabaremos con esta absurda lucha e intentaremos que todos se respeten y convivan en armonía.

PIPIRRANA.—¡Huy!, no los conocéis.

ELEC.—Ni ellos me conocen a mí.

ALBAHACA.—Ni a mí.

PIPIRRANA.—Bueno, pues por mí que no quede.

ELEC.—Volvamos al valle.

PIPIRRANA.—Volvamos. *(En busca de una escapatoria.)* Yo iré antes a mi casa, no se me vaya a quemar una pócima que estoy preparando para curar los sabañones y los cólicos de caracoles.

ELEC.—Nada de escurrir el bulto, Pipirrana, tú vendrás con nosotros. Vamos.

(Oscuro y música. Retorna la luz para iluminar el escenario de la zona del valle. En escena, CACHIVACHES, MATRACO, ALBAHACA, ELEC, SURCOS y PIPIRRANA.)

CACHIVACHES.—Bien, explicadnos a qué viene tanta prisa por hablar con nosotros. No estamos para tonterías. Y tú, Elec, deberías estar en el bosque cumpliendo tu misión.

ELEC.—De eso quería hablaros. Mi misión ha terminado. Por eso he llamado a estos amigos, para que oigan lo que tengo que deciros.

MATRACO.—Tu misión no puede terminar, no lo hemos ordenado. Vergüenza te tenía que dar presentarte ante nosotros, tus jefes, tus líderes, tus presidentes, tus excelencias...

CACHIVACHES.—*(Casi en un susurro.)* No te pases, Matraco, que te embalas y no hay quien te pare.

MATRACO.—Y en vez de traernos una victoria, ¿qué nos traes?, una chica. *(Mira a PIPIRRANA.)* Cuando lo que aquí sobran son mujeres.

PIPIRRANA.—*(Se le acerca hasta que parece que va a morderle.)* Matraco, que me pierdes *(Con comicidad.)* ¡Brrr...! *(MATRACO retrocede entre sorprendido y asustado.)* ¡Brrr...!

ELEC.—Bueno, lo único que quería deciros es que he averiguado vuestra mentira y vuestros planes, *(ríe)* vuestras razones. En vista de ello, quiero que sepáis que en lo sucesivo no contéis más conmigo.

MATRACO.—No puedes hacernos esto, tú nos perteneces. Reclamaremos a Bombillón.

ELEC.—¿Quién es Bombillón?

MATRACO.—*(A CACHIVACHES.)* Pregunta que quién es Bombillón.

CACHIVACHES.—*(Señala a ALBAHACA.)* La culpa es de ella. ¿Dónde la ha conocido? En el bosque, no hay más que ver su piel verde. No sé de qué truco o hechizo se habrá valido para convencerlo.

PIPIRRANA.—¡No es verdad!

CACHIVACHES.—Puede que ella también haya tenido algo que ver en el asunto. Es maestra en hechizos y encantamientos.

PIPIRRANA.—¡Huy!, ¿yo?, qué más quisiera. Te ibas a enterar, buhonero embrollador. *(Por MATRACO.)* Y tú, también, peletero fanfarrón.

CACHIVACHES.—Eso es cierto, esta bruja tiene menos poderes que un diputado de la oposición. *(Por ALBAHACA. A SURCOS.)* La culpa es sólo de ella, representa al bosque.

ALBAHACA.—La culpa es únicamente del egoísmo de ustedes. Pero todos comprenderán su maniobra.

CACHIVACHES.—¿Veis?

MATRACO.—¿Veis?

CACHIVACHES.—¿Te das cuenta, Surcos?

MATRACO.—¿Te das cuenta, Surcos?

CACHIVACHES.—Quiere indisponeros contra nosotros.

MATRACO.—Quiere indisponeros contra nosotros.

CACHIVACHES.—*(A MATRACO.)* ¿Quieres callar?

MATRACO.—¿Quieres callar? ¡Me callo!

CACHIVACHES.—*(Teatral.)* Es nuestra enemiga.

MATRACO.—Debemos hacerla prisionera. Será nuestro rehén. Hay que estar a la moda.

CACHIVACHES.—Bien pensado, Matraco.

(ALBAHACA retrocede unos pasos.)

MATRACO.—¿A qué esperamos?

PIPIRRANA.—Huye, Albahaca.

(ALBAHACA escapa hacia el patio de butacas y hace mutis. CACHIVACHES y MATRACO salen en su persecución, pero, antes de que bajen del escenario, ELEC se interpone en su camino. Chocan contra él como si fuese un muro.)

ELEC.—¿Adónde vais? *(Los agarra de una oreja.)* No hay que tener tanta prisa.

CACHIVACHES.—No, no, ninguna. Matraco, es que eres un impulsivo.

MATRACO.—Tú diste la orden. Yo no quería.

CACHIVACHES.—¡Surcos, Pipirrana, echadnos una mano!

ELEC.—*(Los suelta.)* Ellos no necesitan que les pidáis ayuda, sino que, como a todos los habitantes del valle, les deis una explicación.

PIPIRRANA.—Sí, que se expliquen.

CACHIVACHES.—Matraco, haz algo.

MATRACO.—Tú sigues siendo el jefe.

CACHIVACHES.—Surcos, general...

SURCOS.—Ex general, que he dimitido.

CACHIVACHES.—Surcos, amigo, sabes que yo no te mentiría.

MATRACO.—Ni yo, ya nos conoces.

SURCOS.—Por eso que os conozco, quiero esa explicación.

ELEC.—Sí, que te diga cuáles son las condiciones que quieren imponer los hombres del bosque y a quiénes. A ellos, por sus abusos.

SURCOS.—Hasta ahora ni a mí ni a ninguno de nuestros vecinos nos impusieron jamás alguna. Sinceramente, todavía no he entendido por qué tenemos que dominarlos.

MATRACO.—Nosotros somos superiores.

SURCOS.—No sé por qué.

CACHIVACHES.—Tienen la piel verde.

SURCOS.—¿Es que el color de la piel es motivo de superioridad? En ese caso, mis tomates deberían ser los reyes de este valle.

CACHIVACHES.—*(Desesperado.)* Os pegaron.

SURCOS.—Sí, y de qué modo; pero debido a que, por indicación vuestra y sin mediar palabra, comenzamos a zurrarles.

CACHIVACHES.—¿Vas a hacerle caso a un robot, a un muñeco mecánico? Es como si prestaras oído a una cafetera.

MATRACO.—A una caja de herramientas.

SURCOS.—Yo veía este asunto cada vez más oscuro, pero ahora lo estoy viendo clarísimo. Nosotros, que siempre hemos sido pacíficos y respetuosos con los demás, nos hemos dejado manejar por dos ansiosos de poder como vosotros, que nos habéis utilizado para vuestro interés, sin otro beneficio que recibir los golpes que os correspondían. Diré a nuestros vecinos lo que pienso.

PIPIRRANA.—Yo te ayudaré.

MATRACO.—Calla, bruja traidora.

CACHIVACHES.—Hay que destruir este maldito robot.

MATRACO.—Sí, es por donde teníamos que haber empezado.

CACHIVACHES.—*(Lo empuja hacia ELEC.)* Hazlo, Matraco, que tú eres fuerte y peleador.

MATRACO.—*(Resistiéndose.)* Bueno, el caso es que... tú tienes abrelatas.

ELEC.—*(Ríe.)* No hagáis que chirríen mis tornillos por el miedo.

CACHIVACHES.—*(Desde detrás de MATRACO.)* Bombillón, el sabio del que no te acuerdas y que fue quien te construyó, nos indicó la manera de acabar contigo. Bastará que pulsemos un botón que tienes en tu cuerpo para que quedes paralizado.

MATRACO.—*(Desde detrás de CACHIVACHES.)* Luego, te desguazaremos y te venderemos como chatarra para que contigo construyan ollas de presión. *(Pregona.)* ¡El chatarrero...!

CACHIVACHES.—Lo venderemos, no; lo venderé, que la sección comercial es mía.

(ELEC empieza a preocuparse. Ellos se cre-

cen y se le acercan lentamente por lados opuestos, al tiempo que él retrocede.)

PIPIRRANA.—*(Tratando de interponerse.)* Dejadlo en paz, gaznápiros.

MATRACO.—*(La empuja.)* ¡Aparta, desleal, bruja de pacotilla!

PIPIRRANA.—¡Ah!, ¿sí? ¡Abracadabra, abracadabrito, por los pelos de la barba de un mosquito, que les entre el baile de San Vito! Nada, estos tíos no bailan ni en carnaval. ¡Puñeta, que no hay manera!

CACHIVACHES.—Espera, Elec, no te alejes, que te queremos hacer una caricia.

MATRACO.—No huyas, robotito, que tus jefes quieren darte un mimito.

(ELEC retrocede hacia el patio de butacas, seguido de CACHIVACHES y MATRACO, y corre por él. Cuando llega al final, aparecen a su lado ALBAHACA y TRONCO. Éste se coloca delante de los perseguidores.)

TRONCO.—¡Hombre, qué alegría!, Cachivaches y Matraco. *(Comienza a andar muy lentamente hacia ellos, a la vez que ellos retroceden.)* Queréis jugar de nuevo conmigo, ¿eh?

CACHIVACHES.—*(Sorprendido y atemorizado.)* Sí...

MATRACO.—*(Igual.)* No...

CACHIVACHES.—No..., sí..., digo, no. *(Disimulando. Canta.)* Antón, Antón pirulero, cada cual que aprenda su juego... ¡No!

(Echan a correr y son perseguidos por TRONCO por la sala. Se subirán por los asientos, se esconderán entre los espectadores... Todo lo que su espíritu alborotador tenga a bien. Al fin, quedan acorralados en el escenario. ELEC y los demás van tras ellos.)

TRONCO.—Bueno, vamos a jugar un poquito. ¿Quién quiere ser el primero?

CACHIVACHES y MATRACO.—*(Se señalan. A dúo.)* ¡Él!

ELEC.—Espera, amigo Tronco.

TRONCO.—*(Se vuelve hacia él.)* ¿Qué tal, amigo Elec?

CACHIVACHES.—Amigos, amigos, aquí todos son amigos de todos, menos de nosotros.

TRONCO.—*(Con voz enérgica.)* ¡Mentira! *(CACHIVACHES y MATRACO pegan un respingo),* los habitantes del bosque queremos ser amigos de todos sin excepciones. Pero porque seamos un pueblo pacífico, no estamos dispuestos a consentir que se abuse de nosotros. Creemos que no es justo. Cada pueblo tiene derecho a vivir de acuerdo con sus deseos.

CACHIVACHES.—Mien... mien... Matraco, dile que miente.

MATRACO.—¿Por qué no se lo dices tú?

CACHIVACHES.—Que dice Matraco que mientes, que habéis tratado de dominarnos, de aplastarnos como a cucuruchos, digo, como a cucarachas.

TRONCO.—Pues di a Matraco que no es verdad, que sólo pretendemos que vosotros, pareja de merluzos enlatados, respetéis a los demás.

MATRACO.—Que yo no he dicho nada. *(Buscando apoyo en alguien.)* ¿No es cierto, Surcos?

SURCOS.—A mí no me metas en más líos.

ALBAHACA.—Surcos, veo que has aprendido la lección. Nada de general, ¿eh?

SURCOS.—Nada de general, desde luego. Y conmigo que no cuenten más para este tipo de aventuras. Yo, a mis tomates y a mis lechugas, que es en lo que soy maestro.

ALBAHACA.—Bien, pero antes debes transmitir a los demás las intenciones de los pieles verdes.

TRONCO.—Nuestros deseos de paz y amistad.

SURCOS.—De acuerdo.

PIPIRRANA.—Yo te acompañaré.

TRONCO.—Y yo también.

ELEC.—Todos iremos.

PIPIRRANA.—No, tú quédate aquí con Albahaca.

ELEC.—¿Yo, por qué?

ALBAHACA.—Yo también pienso ir.

PIPIRRANA.—No, quedaos los dos aquí. Hacedme caso, no olvidéis que soy una bruja.

ELEC.—Pero...

PIPIRRANA.—*(Hace unos movimientos extraños con las manos, como si tratara de hacer un hechizo, aunque más parece que quisiera cazar moscas. Luego, parlotea como si rezara. Al fin, se dirige a ellos.)* ¡Puñeta!, hacedme caso.

ELEC.—No pensarás hacernos alguno de tus trucos, ¿verdad?

PIPIRRANA.—*(Con cara de quien no ha roto un plato en su vida.)* ¿Yo?, anda ya.

ALBAHACA.—Bueno, te haremos caso y nos quedaremos.

ELEC.—De acuerdo, pero antes de que os marchéis, tal vez convenga que demos unos consejos a nuestros amigos Cachivaches y Matraco.

TRONCO.—*(Se coloca delante de ellos.)* Sí.

CACHIVACHES.—Sí, por favor, aconsejadnos.

MATRACO.—Somos todo oídos para las palabras sabias.

CACHIVACHES.—Dos alumnos ansiosos de saber.

ELEC.—Pues nuestro consejo es que, en lo sucesivo, os ocupéis únicamente de vuestros asuntos.

ALBAHACA.—Y que si queréis guerra, os marchéis a otro lugar.

TRONCO.—Porque aquí no lo vamos a permitir. ¿Está claro?

CACHIVACHES y MATRACO.—*(A dúo.)* Sí, sí, sí, sí...

TRONCO.—Pues en marcha, vamos a hablar con los demás.

CACHIVACHES.—Yo tenía unos asuntos pendientes.

MATRACO.—Y yo tenía que... que... cortarme el pelo, eso es.

TRONCO.—¿Vais a rechazar nuestra compañía?

CACHIVACHES.—No, no..., encantado.

MATRACO.—Mi pelo puede esperar.

TRONCO.—*(Enérgico.)* ¡Vamos!

(CACHIVACHES y MATRACO dan otro respingo y empiezan a temblar de miedo.)

PIPIRRANA.—¡Les ha entrado el baile de San Vito! Ya tiemblan.

TRONCO.—No te hagas ilusiones, es que son así de valientes.

(Inician la marcha. CACHIVACHES y MATRACO quedan rezagados.)

CACHIVACHES.—¿Sabes qué te digo?

MATRACO.—¿Qué?

CACHIVACHES.—Que para conseguir ser dos pieles rojas importantes, hemos hecho el indio. Y no quiero hacer más el indio. Así que no vuelvas a meterme en este tipo de aventuras.

MATRACO.—Pero si fuiste tú, ¡menuda cara!

CACHIVACHES.—¿Yo? Mira que te lo advertí.

MATRACO.—Que tú...

TRONCO.—*(Se vuelve.)* ¿Venís?

CACHIVACHES y MATRACO.—Sí, sí, sí...

(Todos hacen mutis, salvo ALBAHACA y ELEC, que quedan en escena. Se miran en silencio. Se nota el impacto que ella produce en él.)

ELEC.—Bueno, todo está solucionado.

ALBAHACA.—Afortunadamente.

ELEC.—No habrá que pelear con nadie.

ALBAHACA.—Y podremos pasar mucho tiempo juntos.

ELEC.—*(Con timidez.)* Yo me siento muy feliz.

ALBAHACA.—Yo también lo estoy porque de nuevo habrá paz.

ELEC.—No me refería a eso.

ALBAHACA.—*(Coqueta.)* ¿A qué entonces?

ELEC.—*(Azarado.)* A que podamos estar juntos.

ALBAHACA.—¿De verdad?

ELEC.—Sí, tú... tú me gustas.

ALBAHACA.—Y tú a mí.

ELEC.—Pero yo siento algo muy extraño desde que te vi, algo así como un revoltijo de cables.

ALBAHACA.—¿De cables?

ELEC.—Sí, un tracatrí tracatró rarísimo. Bueno, yo me entiendo, quiero decir que siento por dentro algo así como lo que debe de sentirse cuando se está enamorado.

ALBAHACA.—*(Ríe.)* Creo que a mí me pasa lo mismo.

ELEC.—*(Muy cortado.)* O sea, que tú y yo..., que yo y tú..., que tú y yo...

ALBAHACA.—Estamos enamorados.

ELEC.—Imposible.

ALBAHACA.—¿Por qué va a ser imposible?

ELEC.—No, por nada. Bien, tengo que irme.

ALBAHACA.—¿Que te vas a marchar? ¿Ahora? ¿Y vas a dejarme con la miel en la boca? No te entiendo.

ELEC.—Sí, pienso dedicarme a recorrer el mundo.

ALBAHACA.—Yo creí que...

ELEC.—¿Me iba a quedar aquí?

ALBAHACA.—Sí, y que me ibas a pedir que me casara contigo. Es lo que suele hacerse en estos casos, ¿no?

ELEC.—No puede ser, tengo que marcharme.

ALBAHACA.—Un amor un poco extraño el tuyo.

ELEC.—Si yo te quiero..., pero no te puedo pedir que te cases conmigo.

ALBAHACA.—Bueno, pues te lo pido yo. ¡Vaya un problema!

ELEC.—De verdad, no puede ser. Yo no soy como tú. Soy distinto.

ALBAHACA.—Excusas.

ELEC.—No lo son. Nuestro amor es inútil. Soy distinto a los demás. Yo... soy, yo... soy...

ALBAHACA.—Un inspector de Hacienda.

ELEC.—No..., yo... soy... un robot.

ALBAHACA.—*(Suelta una carcajada.)* ¿Un robot?

ELEC.—Sí, no te rías y créeme. *(Señala a los espectadores.)* Que te lo digan ellos. Me creó un sabio, Bombillón dijeron que se llama, para que Cachivaches y Matraco me utilizaran como arma. Algo así como si fuera un tirachinas o una escopeta. Por eso fui dotado de las dos cualidades con que ellos podrían vencer: fuerza e inteligencia.

ALBAHACA.—*(Ríe.)* ¿Y ése es todo el problema?

ELEC.—Yo no le veo la gracia.

ALBAHACA.—Claro que la tiene, porque los pieles verdes, al enterarse de que los pieles rojas tenían un arma especial, encargaron al sabio Bombillón que les fabricara otra con la que pudieran combatirla. Como el sabio averiguó que había sido engañado por Cachivaches y Matraco, aceptó el encargo y fabricó otra: a mí.

ELEC.—*(Gratamente sorprendido.)* ¿Que tú eres otro robot?

ALBAHACA.—Claro que lo soy. Además, es muy simple. A ti, para que vencieras a todos, te creó con fuerza e inteligencia. Conmigo creó lo único que puede vencer a la fuerza y a la inteligencia: el amor. Y he vencido.

ELEC.—*(Feliz.)* ¡Un robot! ¡Eres un robot!

ALBAHACA.—*(Hace un guiño de complicidad a los espectadores, con el que sembrará la duda entre si lo es o no.)* ¡Un robot!

ELEC.—En este caso, me quedaré aquí contigo y nos casaremos.

ALBAHACA.—Ya era hora. ¡Qué plasta!

ELEC.—*(Eufórico.)* Viviremos en el valle.

ALBAHACA.—Viviremos en el bosque.

ELEC.—Valle.

ALBAHACA.—Bosque.

ELEC.—Va...

ELEC.—Bos...

(Se miran unos instantes y sueltan una carcajada.)

ELEC y ALBAHACA.—*(A dúo.)* Viviremos en la ladera.

ALBAHACA.—Construiremos una casa en la ladera, entre el bosque y el valle.

ELEC.—De esa forma estaremos entre ambas zonas para garantizar que la paz perdure y nadie la rompa.

ALBAHACA.—Eso, y luego vendrán los rusos y los americanos.

ELEC.—Nunca más se hablará de imposiciones.

ALBAHACA.—Ni del color de la piel.

ELEC.—Ni de guerra.

ALBAHACA.—Cada pueblo vivirá de acuerdo con sus deseos.

ELEC.—Y ninguno se moverá por intereses dominadores ni comerciales.

(Se cogen de las manos y se miran boba y cómicamente, mientras PIPIRRANA aparece en el patio de butacas y hace gestos y pronuncia palabras propias de su oficio.)

PIPIRRANA.—*(Más feliz que unas castañuelas. A los espectadores.)* Por fin me ha salido: voy a conseguir que estos dos se casen. ¡Huy, que tía, que bruja más maja soy!

(Comienza a sonar música como acompañamiento de la canción final.)

ALBAHACA.—*(Canta, en el proscenio, y se mueve por escena al ritmo de la música.)*

Ya todo es felicidad,
se acabaron las rencillas.
Hemos llegado al final
de nuestra historia sencilla.

ELEC.—*(Igual.)*

De la guerra quedó el amor;
de la ambición, la amistad.
Ni pieles rojas ni verdes
volverán a pelear.

(Salen los restantes personajes y se sitúan en el proscenio, junto a ALBAHACA y ELEC, todos cogidos de la mano. PIPIRRANA se incorpora al grupo.)

TODOS.—*(Cantan a coro.)*

Ya todo es felicidad
nunca más habrá rencillas,
y aquí ponemos final
a nuestra historia sencilla.

(Y con esta estrofa, cae el telón.)

Fin

Taller
de lectura

alta mar

Los pieles rojas no quieren hacer el indio

1. Reflexionamos juntos

La finalidad de las actividades que te proponemos no es otra que la de ayudarte a reflexionar, a que te interrogues acerca de las cuestiones que se plantean en el libro. Es decir, intentamos trabajar para que mejores tu capacidad de lectura.

Este libro de Fernando Almena es una obra de teatro para chicos. Pensamos que se trata de un libro rico, porque contiene numerosos aspectos sobre los que se puede opinar, discutir, escribir, hablar y hasta inventar situaciones nuevas.

2. Algo sobre las ideas que contiene el libro

2.1. Naturalmente, las ideas que intenta transmitir el autor de una obra constituyen una parte esencial de cualquier libro porque son *el mensaje* que el autor desea entregar a sus lectores.

Y la idea más importante, la que se puede considerar como el conjunto o la síntesis de todas las demás, es *la tesis* que defiende el autor. En este caso es la siguiente:

«La ambición, la injusticia, el deseo de dominio y afán de poder de unos pocos, ayudados por la mentira y el abuso de la fuerza, pueden provocar la falta de entendimiento entre los pueblos y, por consiguiente, desencadenar las guerras. Porque una guerra constituye el mayor grado de falta de entendimiento entre los pueblos.»

¿Te parece que es ésta *la tesis* que defiende el autor? Si estás de acuerdo, redáctala nuevamente con otras palabras. Si no lo estás, escribe *la tesis* que, en tu opinión, expone el autor.

2.2. Además de la tesis o idea más importante, un libro suele contener otras ideas que contribuyen a reforzar la tesis defendida por el autor. En este caso, algunas de esas ideas, que tú debes *comentar* brevemente, serían las siguientes:

1.ª Papel de los científicos en la guerra.

....

....

....

2.ª La discriminación de las personas por el color de su piel.

....

....

....

3.ª Los responsables del inicio de las guerras.

....

....

....

4.ª El sentido y la función de los impuestos en la sociedad.

....

....

....

2.3. Si has leído con atención, encontrarás todavía más ideas importantes. Escríbelas:

....

....

....

....

....

....

3. Algo sobre los aspectos creativos del libro

Se dice de algo que es creativo cuando es original, nuevo e interesante. Esta obra de F. Almena contiene abundantes elementos creativos, que van desde el título hasta la expresión *«misil tierra-leñador»*, pasando por la descripción de los protagonistas.

3.1. ¿Te parece creativo el título de la obra? ¿Por qué?

....

....

....

....

....

....

3.2. El autor describe a los protagonistas teniendo en cuenta su aspecto físico, es decir, cómo son externamente y cómo visten, pero también por todo lo que dicen y piensan y por las acciones que realizan.

Selecciona el protagonista que más te haya gustado o llamado la atención y escribe los datos que se refieren a su apariencia externa, a lo que dice y piensa y a lo que hace.

¿A cuál de las tres facetas anteriores ha concedido el autor mayor importancia? ¿Tal vez a las tres por igual? Expón tu opinión.

....

....

....

....

....

....

3.3. A nosotros nos gusta especialmente la descripción de HOJALDRINA, incluso por la *economía de recursos* de que hace gala el autor. Podría decirse que no sobra una sola palabra. Con veintidós palabras nos ofrece la imagen «redonda» de la pastelera:

«HOJALDRINA es redonda, dulce y rosada como una tarta de fresa, tal que fuese escaparate e imagen de su profesión de pastelera.»

¿Qué recursos literarios aparecen en la descripción? Explícalos.

....

....

....

....

3.4. Elige una profesión y describe a una mujer o a un hombre que la ejerzan. Utiliza como modelo la descripción de HOJALDRINA.

....

....

....

....

4. Algo sobre el humor

El humor bien utilizado es un elemento que enriquece el valor de la obra. En la literatura infantil y juvenil es un componente casi imprescindible. El humor se puede expresar de maneras diferentes. En *Los pieles rojas no quieren hacer el indio*, Fernando Almena se sirve a veces de una literatura *disparatada*, que se conoce también con el nombre de *non-sense* o literatura del sin sentido. Dice PIPIRRANA:

«Mi casa es fácil de localizar, no tiene puertas ni ventanas, sólo chimeneas: cuarenta y cinco.»

Una casa como la de PIPIRRANA es un disparate de casa. Pertenece también a la literatura del sin sentido cuando Pipirrana afirma que va a colocar pilas eléctricas a una bola de cristal.

4.1. Utilizando los recursos de la literatura del sin sentido, describe humorísticamente:

- Un hormiguero de cinco estrellas.

....

....

....

....

....

....

- La vivienda de una trucha aristocrática.

....

....

....

....

....

5. Algo sobre hombres y robots

El autor presenta a dos protagonistas que son robots, ELEC y ALBAHACA, y los hace actuar de acuerdo con las leyes de la robótica, que rigen el mundo de los robots; naturalmente, se trata de un mundo fantástico. Son las siguientes:

1.ª Ni por acción ni por omisión un robot puede hacer daño a un hombre.

2.ª El robot obedecerá siempre el mandato de un hombre, excepto si se le ordena causar algún daño a otro ser humano.

3.ª Un robot amará siempre a los hombres.

5.1. Ya hemos dicho que los dos robots actúan de acuerdo con las leyes de la robótica. Teniendo en cuenta la información que aparece en el libro de F. Almena, *explica* por qué los robots actúan según las leyes que el hombre creó para ellos.

....

....

....

....

....

....

5.2. Aunque las leyes inventadas para regir el mundo de los robots correspondan al mundo de la fantasía y, por consiguiente, a un mundo no real, ¿por qué se le ocurriría a un hombre inventarlas y redactarlas? ¿Porque los robots son malos o pueden llegar a serlo? ¿Porque se trata de máquinas programadas que deben realizar todo aquello para lo que fueron concebidos? ¿Porque carecen de sentimientos? ¿Poseen sentimientos los robots de este libro? ¿Qué piensas sobre todas estas cuestiones? Explícalo razonadamente.

....

....

....

5.3. Inventa y escribe una canción que podrían cantar ELEC y ALBAHACA una noche en que se encuentren los dos solos instalados en la ladera entre los habitantes del valle y los del bosque. O un poema.

....

....

....

....

5.4. Si te interesa el tema de los robots en la literatura infantil y juvenil, otros autores españoles que lo han tratado son Tomás Salvador, José Antonio del Cañizo, Fernando Alonso, etc.

6. Algo sobre el lenguaje

En relación con el lenguaje, el autor ha conseguido algunos aciertos indudables: el uso del prefijo *in-* en una serie de palabras continuadas (inconcebible, inadmisible, insufrible, indefinible...); los juegos frecuentes con las propias palabras; algunas metáforas y comparaciones acertadas; la adjetivación; la invención, también a modo de juego, de fórmulas mágicas; el inteligente uso del lenguaje coloquial apropiado a las situaciones, etc. Incluso el empleo de algún que otro término un poco «bronco» que en ningún momento desentona de la situación. Y, por supuesto, ha introducido algunas palabras que seguramente permitirán enriquecer tu vocabulario.

Puedes trabajar, si lo deseas, sobre todos los aspectos anteriores. Te proponemos:

6.1. Aprende en el diccionario el significado de las palabras que aparecen a continuación, si es que lo desconoces. Escribe una frase con cada una de ellas: *cháchara, inanimado, impulsos, parpadear, parlante, fatuo, chulángano, deslenguado, pinchaúvas, acémila, buhonero, brear, barrica, sabañones, gaznápiros, zancajear.*

....

....

....

....

6.2. Busca en el libro algunos usos del lenguaje coloquial como los siguientes que aparecen en él, y redacta un ejercicio utilizándolos convenientemente (porque lo exige la ocasión, el protagonista que habla, etc.):

«No hay pero que valga.»
«Sacaron las castañas del fuego.»
«Yo soy de armas tomar.»
«¡La repera!»
«Soy un tío de primera.»

....

....

....

....

....

....

6.3. ¿Qué expresiones del lenguaje oral son corrientes entre tus compañeros de clase o de otras clases? Infórmate y escríbelas.

....

....

....

....

....

6.4. Busca en el texto fórmulas mágicas que utiliza la bruja PIPIRRANA. Escríbelas e inventa tres o cuatro que sean originales como algunas del autor. (Recuerda lo que te hemos dicho sobre la originalidad.)

....

....

....

....

....

....

6.5. Lee detenidamente las descripciones físicas que hace el autor sobre cada protagonista. Fíjate en los adjetivos, especialmente. Cuenta el número total que ha utilizado y clasifícalos en grupos según la categoría a la que se refieran: color, forma, tamaño, cualidades, etc.

....

....

....

....

....

....

....

7. Algo que debe hacernos reflexionar

7.1. Comenta por escrito las dos frases siguientes que aparecen en el texto:

«Una de las ventajas de ser un país poderoso es la de que puedes vender a los demás lo que a ti ya no te sirve. Encima quedan agradecidos y contentos.» (CACHIVACHES).

....

....

....

....

....

....

....

«El sosiego es hermano de las buenas acciones; la impaciencia, hija de las malas» (BOMBILLÓN).

....

....

....

....

....

8. Algo sobre el teatro

8.1. Supón que en clase habéis decidido representar *Los pieles rojas no quieren hacer el indio* y que te han encomendado la dirección de la obra. En consecuencia, tienes que asignar los papeles entre tus compañeros.

Elige al que creas más conveniente para cada personaje y explica razonadamente el motivo (por similitud con el personaje, por su carácter, desenvoltura, etc.).

Para CACHIVACHES: ....

....

....

Para MATRACO: ....

....

....

Para PIPIRRANA: ....

....

....

Para HOJALDRINA: ....

....

....

Para SURCOS: ....

....

....

Para BOMBILLÓN: ....

....

....

Para ELEC: ....

....

....

Para TRONCO:...

....

....

Para ALBAHACA:...

....

....

8.2. En el supuesto anterior, en vez de director te han elegido escenógrafo. Explica cómo realizarías el decorado, ayudándote de la descripción que hace Fernando Almena en el texto.

....

....

....

8.3. Tal vez en algún momento hayas sentido la tentación de escribir teatro, o bien, mientras leías esta obra, en alguna de las escenas se te ha ocurrido que podrías ampliarla con algo de tu propia cosecha. De hecho, es conveniente e interesante que el teatro para jóvenes sea un teatro abierto, en el que aportéis vuestras ideas. Pues bien, ésta es la ocasión.

Elige cualquier escena y añade un breve diálogo entre los personajes que intervengan en la misma, siguiendo el modelo del texto y sin que se rompa la unidad de la acción.

....

....

....

....

....

....

....

....

....

....

....

....

9. Algo más sobre el teatro: teatro leído

Un libro de teatro se escribe, sobre todo, para ser representado. Pero también, ¿por qué no?, para ser leído individualmente, para disfrutar uno mismo. De igual forma se puede leer para los demás, con el fin de que todos lo conozcan, se diviertan y se acerquen al mundo del teatro.

Cuando se lee una obra de teatro para los demás es preciso tener en cuenta que desaparecen algunos elementos que son normales en el teatro representado: los movimientos de los actores y, en buena medida sus gestos; los decorados, que contribuyen a enriquecer la ambientación; incluso el vestuario, etc. Sin embargo, *permanece un elemento* fundamental, y ese elemento sobresaliente no es otro que la *palabra.* Por eso, en ese tipo de teatro interesa leer muy bien (pronunciar con claridad, cuidar el tono de la voz, el timbre...) con el fin de transmitir lo mejor posible los sentimientos que vive el protagonista.

9.1. Si vas a participar en la sesión de teatro leído, interesa, en primer lugar, que leas el libro con atención para hacerte una idea general y, en segundo lugar, que trates de *comprender* bien al protagonista o al personaje que vayas a representar. No olvides esta segunda observación si deseas «expresar» bien, para los demás, al personaje que interpretes. Debes tratar de dar vida a tus palabras.

9.2. Una sesión de teatro leído puede realizarse de la siguiente manera:

1. Se sitúan de cara al público tantas mesas como protagonistas y personajes vayan a intervenir, más una para el narrador.

2. Si es posible, sobre cada mesa se coloca una lamparita. Permanecen encendidas las de los protagonistas y los personajes que se encuentran en escena, con el fin de que el público (tus compañeros, los de otras clases...) puedan identificarlos. Cuando se apaga la luz significa que el protagonista o el personaje abandona la escena.

3. Sobre las diferentes mesas aparece una cartulina que contiene, escrito con letras grandes, el nombre de cada uno de los que actúan.

4. El espacio ocupado por los espectadores permanece oscuro.

5. Se puede ambientar la sesión con música de fondo adecuada al tema.

Después... se sube el telón, aunque sea imaginativamente, y...

¡Comienza la gran fiesta del teatro !

Índice

Series *de la colección* alta mar

Aventuras

Ciencia Ficción

Cuentos

Humor

Misterio

Novela Histórica

Novela Realista

Poesía

Teatro

Títulos publicados
A partir de 12 años

2. Montserrat del AMO. **El abrazo del Nilo** (Aventuras)
3. Fernando ALMENA. **Los pieles rojas no quieren hacer el indio** (Teatro)
4. Ángela C. IONESCU. **«Déjame solo, Joe»** (Cuentos)
6. Juan FARIAS. **Los apuros de un dibujante de historietas** (Humor)
9. Juana Aurora MAYORAL. **La cueva de la Luna** (Ciencia Ficción)
10. Sauro MARIANELLI. **Una historia en la Historia** (Novela Histórica)
11. Pilar MOLINA LLORENTE. **Aura gris**(Novela Histórica)
13. Samuel BOLÍN. **Los casos del comisario Antonino** (Misterio)
15. Elvira MENÉNDEZ. **La máquina maravillosa** (Ciencia Ficción)
20. Gloria FUERTES. **La poesía no es un cuento** (Poesía)
21. Juan Aurora MAYORAL. **Enigma en el Curi-Cancha** (Novela Histórica)
22. Alan C. McLEAN. **El fantasma del valle** (Aventuras)
25. Jacques FUTRELLE. **La Máquina Pensante** (Misterio)
26. José Luis VELASCO. **El Océano Galáctico** (Ciencia Ficción)
38. Ángela C. IONESCU. **El país de las cosas perdidas** (Cuentos)
39. Concha LÓPEZ NARVÁEZ. **El tiempo y la promesa** (Novela Histórica)
43. Fernando ALMENA. **El cisne negro** (Teatro)
45. Alfredo GÓMEZ CERDÁ. **El laberinto de piedra** (Aventuras)
46. Ángela C. IONESCU. **Los amigos** (Misterio)
47. G. BEYERLEIN y H. LORENZ. **El sol no se detiene** (Novela Histórica)
49. Montserrat del AMO. **¡Siempre toca!** (Teatro)
51. Enrique PÁEZ. **Devuélveme el anillo, pelo cepillo** (Misterio)
55. Raúl JIMÉNEZ. **Aldurabahim** (Aventuras)
57. Samuel BOLÍN. **Nuevos casos del comisario Antonino** (Misterio)

63. Francisco DÍAZ GUERRA. **El alfabeto de las 221 puertas** (Aventuras)
69. Fernando ALMENA. **El misterio indescifrable** (Ciencia Ficción)
70. M.ª Dolors ALIBÉS. **Superfantasmas en un supermercado** (Humor)
75. Juana Aurora MAYORAL. **Tres monedas de un penique** (Misterio)
79. Enrique PÁEZ. **El Club del Camaleón** (Misterio)
80. Joan Manuel GISBERT. **El enigma de la muchacha dormida** (Aventuras)
81. Juan FARIAS. **La infancia de Martín Piñeiro** (Novela Realista)
83. Javier REQUERO. **El Príncipe Negro** (Aventuras)
84. Concha LÓPEZ NARVÁEZ. **La tejedora de la muerte** (Misterio)
87. José María MENDIOLA. **El castillo de Lora** (Misterio)
88. Juan Ignacio HERRERA. **En la cumbre de un tepuy** (Aventuras)
96. Nina WARNER. **La luna en el agua** (Aventuras)
100. Montserrat del AMO. **El bambú resiste la riada** (Novela Realista)
109. José Luis OLAIZOLA. **El cazador urbano** (Novela Realista)
114. Alice VIEIRA. **Portal 12, 2º centro** (Novela Realista)
117. José Antonio PEROZO. **Cuentos mágicos** (Cuentos)
120. Trini LEÓN. **Un amigo por un par de tomates** (Novela Realista)
126. Kenneth IRELAND. **La máscara del hombre-lobo** (Misterio)
133. Sheila OCH. **La verdadera vida** (Novela Realista)
137. Pilar LÓPEZ BERNUÉS. **El secreto del caserón abandonado** (Misterio)
142. Jill RUBALCABA. **Un lugar en el sol** (Novela Histórica)
145. M.ª Carmen de la BANDERA. **El héroe y la traición** (Novela Histórica)
153. Chelo MORALES. **Barasingha** (Aventuras)
157. Pilar LÓPEZ BERNUÉS. **El misterio de los cachorros desaparecidos** (Misterio)
161. Christine NÖSTLINGER. **Amigas para siempre** (Aventuras)